墨香财经学术文库

我国商业银行践行ESG对利润效率的影响研究

Research on the Mechanism of ESG in Commercial Banks to Profit Efficiency in China

刘妍 著

东北财经大学出版社 大连
Dongbei University of Finance & Economics Press

图书在版编目（CIP）数据

我国商业银行践行ESG对利润效率的影响研究 / 刘妍著. —大连 : 东北财经大学出版社，2025.5.—（墨香财经学术文库）. —ISBN 978-7-5654-5601-5

Ⅰ.F832.33

中国国家版本馆CIP数据核字第2025JM7815号

我国商业银行践行ESG对利润效率的影响研究

WOGUO SHANGYE YINHANG JIANXING ESG DUI LIRUN XIAOLǕ DE YINGXIANG YANJIU

东北财经大学出版社出版发行

大连市黑石礁尖山街217号　邮政编码　116025

网　　址：http://www.dufep.cn

读者信箱：dufep@dufe.edu.cn

大连图腾彩色印刷有限公司印刷

幅面尺寸：170mm×240mm　字数：189千字　印张：15.75　插页：1

2025年5月第1版　2025年5月第1次印刷

责任编辑：时　博　刘东威　刘慧美　责任校对：那　欣

封面设计：原　皓　版式设计：原　皓

书号：ISBN 978-7-5654-5601-5　定价：82.00元

教学支持　售后服务　联系电话：（0411）84710309

如有印装质量问题，请联系营销部：（0411）84710711

本书系辽宁省社会科学规划基金重点项目“多维政策与数字技术融合提升银行普惠信贷规模的机制研究”（L24AJY005）的研究成果

前　言

ESG（Environmental，Social and Governance）理念综合考虑环境、社会、治理三个维度，要求企业在兼顾社会责任的同时实现自身利益最大化，与中国式现代化的内在要求高度契合。在党的二十大报告中有“中国式现代化是人与自然和谐共生的现代化”“推进国有企业、金融企业在完善公司治理中加强党的领导”等多处与ESG核心理念密切相关的关键内容。

银行作为我国金融业的主体，其可持续发展不仅影响着整个金融系统的稳健运行，同时还能发挥金融引导作用，促使企业主动承担社会责任，助力经济高质量发展。当前，我国银行业的ESG发展尚处于起步阶段，既缺乏统一的ESG信息披露框架和指标体系，也无明晰的履责成效标准，更缺少ESG对效率的影响机制探究。因此，本书基于利益相关者理论、可持续发展理论、企业社会责任理论等，深入理解中国式现代化背景下ESG内涵的新要求，测度商业银行ESG评分，探讨商业银行ESG表现如何通过融资成本、流动性创造、声誉三个渠道提升效率，帮助银行提升风险韧性和可持续发展能力，实现社会价值创造，促进经济可持续、高质量发展，为监管部门制定、完善相关政策和激励银行自觉践行ESG理念，确保国家政策快速落地和见效提供参考依据。

本书在参考了大量国内外相关文献的基础上，根据我国监管和货币当局发布的《金融机构环境信息披露指南》《商业银行公司治理指引》《关于推动银行业和保险业高质量发展的指导意见》《银行业保险业绿色金融指引》等文件要求，基于可持续发展理论、企业社会责任理论、利益相关者理论、声誉管理理论、信息不对称理论、信息传递理论和资源依赖理论，沿着“银行ESG内涵界定—ESG评价和效率测算—机制研究—政策建议”的思路，着重对商业银行的ESG评价及其对效率的影响机理、传导渠道和影响因素进行理论和实证分析。

本书适用于高等院校经济学和管理学专业的本科生或研究生，也适合致力于ESG、银行经营管理的相关经济研究者，以及银行、证券、保险等金融类业内人士阅读参考。

ESG的理论和实践仍在不断发展，相关制度也在探索中。在此次撰写过程中，我们参考了大量的中外文献。正是这些文献资料，为我们提供了丰富的素材和创作的源泉，在此向这些文献的作者深致谢意！

由于时间和作者的水平有限，对ESG相关理论研究和改革进展的理解和归纳可能不够全面和准确，难免有欠妥之处，敬请各位专家、学者和读者不吝赐教，以便我们未来进一步修订和完善。本书由刘妍副教授总策划和撰写，写作过程得到了研究生邢文冉、宋子涵、周社鑫、刘若楠等人的大力支持，在此向他们的辛勤付出深表感谢。

刘　妍

2025年1月

目　录

1

导论

1.1 研究背景及意义

1.1.1 研究背景

近年来，全球经济活动带来的气候变化、生物多样性丧失、环境破坏等问题，给人类生存和发展带来了严峻挑战，这些问题成为影响企业个体和社会整体发展的核心议题。随着可持续发展理念成为国际社会共识，国际组织和投资机构对环境保护、社会责任与公司治理的重视程度不断加深，ESG理念作为衡量企业环境、社会、治理绩效而非财务绩效的投资理念和企业评价标准，在2004年由联合国全球契约组织（United Nations Global Compact，UNGC）首次提出。不同于传统的财务、业务绩效评价，ESG理念的关注点在于企业的环境、社会、治理绩效。基于ESG理念，投资者可以评估企业在促进经济可持续发展、履行社会责任等方面的贡献，以便甄别出具有长期投资价值的公司。

伴随ESG理念的影响力持续扩大，越来越多的机构在投资体系中加入ESG因素。根据联合国“负责任投资原则组织（Principles for Responsible Investment，UN-PRI）”的统计，近年来，国际市场积极响应ESG投资理念，参与责任投资PRI的机构数量在全球范围内持续增长。截至2022年年底，联合国支持的《负责任投资原则》（PRI）签署机构达5 311家，较2021年年末增长38.81%。国内PRI签署机构自2018年以来数量激增，于2022年突破120家。

ESG理念不仅受到全球投资者的青睐，还受到各国政府及监管部门的高度重视。我国政府和监管部门的积极介入推动了国内ESG生态系统的发展。2006年9月，深圳证券交易所发布《深圳证券交易所上市公司社会责任指引》，鼓励上市公司自愿披露社会责任相关信息。2008年，上海证券交易所发布《上海证券交易所上市公司环境信息披露指引》和《关于加强上市公司社会责任承担工作的通知》，要求上市公司披露环保相关重大信息，并鼓励其披露年度社会责任报告。2013年4月，深圳证券交易所发布《深圳证券交易所上市公司信息披露工作考核办法》，将信息披露质量分为四个等级，未按规定披露社会责任报告的上市公司信息披露质量考核结果不能为A。2018年，中国证监会修订的《上市公司治理准则》确立了ESG信息披露基本框架，要求上市公司按照法律法规和相关要求披露环境信息和社会责任信息，这也是我国首次对ESG披露作出法律要求。国务院国资委在2022年5月发布的《提高央企控股上市公司质量工作方案》中明确要求推动更多央企控股公司披露ESG报告，力争到2023年实现相关专项报告披露全覆盖。

2020年9月22日，国家主席习近平在第七十五届联合国大会一般性辩论上宣布："中国将提高国家自主贡献力度，采取更加有力的政策和措施，二氧化碳排放力争于2030年前达到峰值，努力争取2060年前实现碳中和。"2021年3月发布的《中华人民共和国国民经济和社会发展第十四个五年规划和2035年远景目标纲要》也明确提出，生态文明建设要实现新进步，推动绿色发展，深入实施可持续发展战略。在我国碳达峰、碳中和"1+N"政策体系的基础上，金融监管部门也不断加快构建金融机构融资主体ESG评价体系及出台信息披露政策，为金融机构规范ESG管理、评价及应用提供具体指引。

首先，中国人民银行通过制定标准指引和信息披露规范鼓励、引导金融机构开展融资主体ESG评价及应用工作。在标准指引方面，中国人民银行积极制定金融行业标准，规范银行业企业融资主体ESG评价，鼓励银行业金融机构将ESG标准融入信贷流程管理。在信息披露方面，2021年8月，中国人民银行发布《金融机构环境信息披露指南》，指导金融机构识别、量化、管理环境相关金融风险，引导金融资源绿色化配置，助力经济社会低碳转型。

其次，原银保监会持续发布ESG相关政策指引，鼓励和引导金融机构将ESG纳入发展战略。原银保监会于2013年出台《商业银行公司治理指引》，明确商业银行的经济、社会与环境责任应当包含的具体内容，促进商业银行稳健经营和健康发展；于2019年出台《关于推动银行业和保险业高质量发展的指导意见》，要求银行业金融机构建立健全环境与社会风险管理体系，将环境、社会、治理要求纳入授信全流程，强化环境、社会、治理信息披露和与利益相关者的交流互动，以金融产品服务创新支持绿色、低碳、循环经济发展；于2022年出台《银行业保险业绿色金融指引》，明确将环境、社会、治理风险管理的能力建设放在突出位置，建立并不断完善环境、社会和治理风险管理的政策、制度和流程，防范环境、社会和治理风险，提升自身环境、社会和治理表现，从而促进经济社会发展全面绿色转型。

商业银行作为金融机构体系的主体和货币政策的主要传导体，肩负着调节资金余缺、调控宏观经济、提供交易服务平台、助力实体经济发展等重要职责。尤其在“双碳”[①]战略的引领下，我国商业银行应在“顺势而为”的基础上“驭势而行”，即主动顺应可持续发展趋势，充分了解ESG快速发展对商业银行各类活动的影响，加强ESG建设，在平衡经济增长与环境保护的挑战中寻找新机遇，使ESG成为商业银行实现经济效益、社会效益和生态效益有机融合目标的重要

① 双碳，即碳达峰与碳中和的简称。碳达峰是指在某一个时点，二氧化碳的排放不再增长，达到峰值，之后逐步回落。碳中和是指某个地区在一定时间内人为活动直接和间接排放的二氧化碳，与其通过植树造林等吸收的二氧化碳相互抵消，实现二氧化碳“净零排放”。

抓手，进而提升效率，实现高质量发展。

基于此，本书选取2012—2022年我国64家商业银行的年度数据，在环境、社会以及治理三个维度共选取20个指标，构建银行业专属的ESG评价指标体系，运用熵权法测算银行ESG评分，使用面板数据分析银行践行ESG理念对利润效率的影响，探索影响渠道和作用机制，为商业银行提升ESG评价、提高利润效率水平、实现长远发展提出可供参考的建议，同时也为我国货币当局和金融监管当局制定各种政策提供可参考的理论依据。

1.1.2 研究意义

1）理论意义

近年来，全球银行业正逐步改变追求单一利润最大化的价值目标，开始践行ESG理念，由股东价值向多元价值发展，通过实施精细化管理提质增效，进而实现可持续高质量发展。尽管ESG在我国受到各方重视并发展迅猛，但相比发达国家，我国ESG评价体系发展起步较晚，尚未形成统一标准，目前仍处于探索阶段，对行业特性考虑不足，缺乏金融机构专属的ESG评价体系。因此，本书在参照国内外先进经验的基础上，构建符合中国实际的银行业专属的ESG评价体系，以期对银行业ESG评价体系的形成与完善提供参考，丰富相关研究内容。

此外，本书使用两步最优GMM分析银行ESG评价对利润效率的影响，从融资成本、流动性创造、声誉三个渠道出发探索银行ESG影响利润效率的机制，丰富相关的理论、机制研究，为银行拓展利润空间提供理论支持。

2）现实意义

ESG以其广泛适用性和可量化的特质，正在重塑商界的价值观与生态观，通过不断创新金融工具和产品，引导“资本向善”，推动“商业向善”，改变商业价值创造逻辑。商业银行践行ESG理念既有助于推进中国“双碳”目标的实现，也是商业银行实现可持续、高质量发展的重要抓手。此外，ESG理念与中国式现代化的内在要求高度契合，研究和推广ESG对于贯彻新发展理念、深入推进供给侧结构性改革、切实提高金融服务实体经济的效率和支持经济转型的能力具有重要意义。本书对银行ESG提升效率的作用机制和效用的研究，可以为监管部门制定、完善相关政策和激励银行自觉践行ESG理念，确保国家政策快速落地、实施见效提供参考依据。

1.2 文献综述

1.2.1 ESG内涵相关研究

2004年，联合国全球契约组织（United Nations Global Compact，UNGC）主导发起了ESG倡议，并在*Who Cares Wins*报告中首次明确提出ESG概念。在联合国相关组织、国际财务报告准则基金会（IFRS Foundation）和相关投资机构等多个组织的共同努力下，ESG概念及其代表的可持续发展理念逐渐为大众所熟知。我国学者马险峰等（2016）认为ESG理念更多地是从实际操作的角度提供一个全面和统一的框架，倡导企业在投融资决策过程中充分考虑环境保护、社会责任与公司治理（Gillan et al.，2021）。

ESG评价涉及可持续发展理论、经济外部性理论、企业社会责任理论，不仅具有财务相关性，还是一种非财务绩效的投资理念和企业评价标准，投资者可利用公司公开的ESG信息作出决策。

ESG引发企业对环境、社会责任以及公司治理议题的更多关注，彰显可持续发展理论的核心理念，已经成为企业新的竞争战略，影响着企业的决策（Galbreath，2013），有助于企业树立良好的声誉。

1.2.2 ESG评价相关研究

ESG评级的依据是企业在环境保护、社会责任和公司治理三个方面的表现。但不同评级机构提供的ESG评级结果之间存在较大差异。例如，Berg等（2022）比较了卡尔弗特（KLD）、明晟（MSCI）等六家知名ESG评级机构提供的评级结果，发现不同ESG评级结果间的相关性范围在0.38至0.71之间。

其分歧来源如下：

（1）评级机构使用了不同的衡量指标，且评级指标缺乏可比性是分歧产生的主要驱动因素（Chatterji et al.，2016）。

（2）ESG信息披露中使用的术语和计量单位的差异也是导致ESG评级分歧的主要原因（Liu，2022）。每个ESG组成部分和评级机构之间缺乏共同的定义、报告标准和评估方法，导致评估的信息性降低（Larcker et al.，2022）。

（3）评级过程缺乏透明度。ESG评级机构没有完整地公开评估企业可持续发展绩效的标准和过程，导致ESG评级机构的评级结果缺乏可信度（Escrig-Olmedo et al.，2017；Saadaoui and Soobaroyen，2018）。

（4）评级结果缺乏总体得分。大多数ESG评级机构为每个领域提供环境、社会和治理效率的评级，并未提供企业ESG绩效的总体分数（Liern et al.，2017）。

（5）ESG评级机构在评估过程中没有充分考虑不同利益相关者的期望，导致评级结果的市场接受度和实用性不强（Escrig-Olmedo et al.，2017）。

如何使评级过程更加透明、使各评级机构的评级指标更具可比性以及确定评级结果的总体得分是当前亟待解决的问题。

1.2.3 商业银行效率相关研究

商业银行作为金融机构的主体，其效率在很大程度上既反映了金融运作的宏观效率，也体现了国家对金融行业的管理能力。全球学术界对于商业银行效率的探讨不断演进，当前关于商业银行效率的研究主要集中于Farrell（1957）、Leibenstein（1966）以及Berger和Mester（1997）等人提出的技术效率、X效率、成本效率和利润效率等。

1）商业银行效率的分类

（1）Aly等（1990）首次将Farrell的理论应用于商业银行运营效率分析。此后，Berger（1997）、马晓倩和周雪梅（2019）等学者先后基于不同数据深入分析了商业银行的技术效率。研究结果表明，商业银行的经营效率主要受纯技术效率偏低的影响。

（2）Frei、Harker和Hunter（2000）、Fung（2006）等人先后将X效率应用于商业银行领域，探索银行经营的无效率问题。其中，Frei、Harker和Hunter（2000）将管理、人才和技术等因素纳入了X效率的考量指标中，完善了商业银行X效率的内涵。

（3）Berger和Mester（1997）提出商业银行效率应包括成本效率和利润效率，随后，Isik（2002）、Maudos（2003）、Rossi等（2005）进行了商业银行利润效率与成本效率测算。

（4）在20世纪70至80年代，Baumol（1983）、Willig（1976）、Bailey（1983）、韩冬梅和赵振全（2002）、刘宗华和邹新月（2004）、杜莉和王锋（2002）、王聪和邹朋飞（2003）等学者深入探讨了商业银行范围效率的存在性，通过实证研究发现银行通过多元化经营可以降低成本，并可以通过业务的多样化提高盈利和风险管理能力，证明了范围效率的存在。但商业银行的范围效率可能因国家、地区和银行类型的不同而有所差异。Berger、Hunter和Timme（1993）基于微观经济学中的厂商理论，进一步提出了最优范围效率的概念，并通过实证检验发现商业银行的范围效率有限，对收益的提升并不明显。

2）商业银行效率的影响因素

国内外大量学者分别从内部和外部两大维度对商业银行效率的影响因素进行了广泛研究。

（1）外部因素

从银行外部来看，商业银行的环境因素（如宏观经济政策、货币政策、财政政策和监管政策）存在市场力量和有效结构两种假说。

Molyneux（1993）、Williams等（1994）提出了市场力量假说，认为市场集中度与银行绩效存在关系（Rhoades，1995；De和Hasan，1998）。

学者Demsetz（1973）和Peltzman（1977）提出了有效结构假说，认为高效率的银行能降低成本并扩大市场份额。

Jackson（1992）、Vennet（2002）、Park（2006）、Lawrence（1989）、于良春和鞠源（1999）、赵旭（2001）、孙巍（2005）则认为市场集中度和市场份额与银行效率无明显关联，不存在市场力量和有效结构两种假说。

刘海云（2005）、黄隽和汤珂（2008）等人发现，资本比率、银行业竞争程度也会在一定程度上影响银行效率。

（2）内部因素

从银行内部来看，商业银行特征，如产权结构、规模和管理能力被广泛认为是影响其经营效率的关键因素。部分学者认为优化产权结构能显著提升银行经营效率。相较而言，股份制银行、小银行在决策灵活性、行动迅速性和执行力方面比国有银行有优势，因此，其经营效率通常高于国有大型银行（Nicols，1967；O’Hara，1981；Delfino，2003；魏煜，2000；赵昕，2002；谭中明，2002）。

然而，Verbrugge（1981）、Wizman（1997）、迟国泰（2005）却认为产权结构对银行经营效率的影响并不显著，反而是银行规模会对商业银行的效率产生较大影响。

Berger和Mester（1997），Young（1998），郑录军（2005），Benston、Hanweck和Humphrey（1982），Tichy（1990），Gilbert（1984），Mester（1987），Clark（1996），Humphrey（1995），于良春和鞠源（1999），赵旭（2001），奚君羊和曾振宇（2003），刘琛和宋蔚兰（2004），宋增基（2009）等学者研究发现，银行的规模与效率有关，存在规模经济。

Benston、Hanweck和Humphrey（1982），Hunter和Timme（1986），Hunter、Timme和Yang（1990），阚超（2004），Allen（2005）等学者们深入探讨了规模经济的具体范围。

Berger和Mester（1997）的研究则得到了相反的结果，发现银行规模与经营效率之间没有明显相关性，甚至根本不存在规模经济。

Maudos（1998）等人研究了银行的经营特征、财务特征、专业化程度对效率的影响。

Grigorian（2002）、钱蓁（2003）发现市场占有率、自由资金比率等因素对技术效率的提高有积极作用。

朱南等（2004）、王聪和邹朋飞（2004）、郑录军（2005）、黄新飞和张娜（2005）、庞瑞芝等（2007）、张健华（2009）、王鹏（2009）分别探究了员工数量、资产有效运用率、技术进步、资产质量、偿债能力、人均费用和上市情况等因素对效率的影响。

此外，Rime和Stiroh（2003）、Dietsch和Lozano-Vivas（2000）、Berger和Mester（1996）发现管理能力是影响效率的主要因素。

3）商业银行效率的测算

商业银行效率测度方法主要有指标分析法和前沿分析法两种。

（1）指标分析法，即选取总资产收益率（ROA）、权益收益率或净资产收益率（ROE）等财务指标测度银行效率。由于指标分析法不能反映银行投入、产出对效率影响的相对重要性，无法说明不同要素之间的相互影响，仅为一种短期效率衡量手段，不适宜描述银行的长期实际效率，因此应用并不广泛（谌嘉席，2022）。

（2）前沿分析法，即用样本银行与效率前沿银行的偏离程度来评估银行效率，两者越接近，样本银行的利润效率越高。根据是否需要设定前沿生产函数，前沿分析法可分为参数法和非参数法。非参数法可分为数据包络分析法（DEA）和无界分析法（FDH）等。其中，数据包络分析法主要用于综合技术效率测度，具有缺乏风险考虑、无统计特性等不足，因掺杂随机误差项而导致效率评价存在偏差（封思贤，2019；温红梅和徐靖文，2021）。参数法是通过设定前沿生产函数求得效率前沿面。根据技术无效率项和随机误差项分布函数设定的不同，参数法可进一步分为随机前沿方法（SFA）、自由分布法（DFA）、厚前沿方法（TFA）和递归厚前沿法（RTFA）等。其中，随机前沿方法（SFA）是1977年美国经济学家Aigner提出的一种用于估计效率值的非线性效率测算方法。SFA模型可以准确区分无效率项和随机误差项，由此得到的效率值会更加精准，并且可以估计出银行的最大可能利润和利润效率，故SFA更适用于我国银行业（周晶和陶士贵，2019；王鹏，2024）。

1.2.4　商业银行ESG评级对效率的影响研究

目前，关于商业银行ESG评级与利润效率的影响有两种不同的观点。

观点一：商业银行ESG评级与效率间存在正相关关系，即商业银行ESG表现越好，其效率越高。Ji等（2023）创新性地将绿色信贷、社会给予、高管薪酬和ESG得分等指标纳入外生变量DEA模型中，发现ESG活动对传统银行的效率具有积极影响（Alam et al.，2022）。其中，具有社会责任感的银行更具经济优势（Ohene-Asare et al.，2012；Belasri et al.，2020）。

观点二：商业银行ESG与效率间存在非线性关系。López-Penabad等（2023）认为银行社会责任与效率之间呈U型关系。在子维度层面上，社会责任和公司治理显著提升了效率，环境保护对效率几乎没有影响。

1）商业银行环境保护与效率

众多学者一直热衷于绿色金融的相关研究，其中，有关绿色信贷对效率的影响研究已经形成两种不同的观点。

（1）绿色信贷对银行效率具有促进效应

Eshet（2017）、郭柯娜（2019）、丁宁等（2020）认为绿色信贷可以通过提高银行绿色声誉、优化信贷结构、降低信贷风险，进而提高银行总资产的收益率，增强银行竞争力，促进银行业务扩展，提升银行效率。其中，对于规模较小、流动性水平较高的银行，其效率的改善效果更强。张琳和廉永辉（2019）认为，商业银行在满足绿色融资需求的同时能够获得差异化的竞争优势、树立良好的社会声誉、降低环境风险，提高商业银行的净息差，开拓新的利润增长点，实现效率的增加。Han等（2019）采用2005—2015年19家上市银行的数据，利用DID模型证明了绿色信贷政策的有效性，认为虽然“绿色项目”往往能得到政府的信贷支持，没有重大风险，具有稳定的利润，为银行带来良好的社会形象和声誉，能实现经济增长与环境保护的双赢，从长远来看有助于利润效率的提升，但这类项目通常有较长的投资周期，对效率有一定影响。

（2）绿色信贷与银行效率间存在先抑后扬的非线性关系

Chen 等（2018）、张长江和张玥（2019）认为绿色信贷要求前置披露企业社会责任，对商业银行效率存在一定的负向影响。从短期来看，绿色信贷对银行效率具有显著负向影响，中小型商业银行所面临的不利影响明显高于大型商业银行；但长期而言，绿色信贷规模扩大和银行绿色声誉提高会显著促进银行效率提高（张文中和窦瑞，2020；明雷等，2023）。

究其原因，Song 等（2019）、Chang（2021）、Zhang 和 Qin（2021）等学者认为，法律法规、金融政策、信息传播以及所产生的成本效应都会影响绿色信贷对效率的影响。其中，Song 等（2019）通过对比发现中国商业银行建立的绿色信用披露机制相对较晚，法律法规、金融政策、信息传播等方面存在不足，导致其发展绿色信贷业务很难在短期内影响效率。Zhang 和 Qin（2021）认为开展绿色信贷会产生直接和间接成本，银行对于贷款企业的环境识别和评估等缺乏技术上的支持，需要投入大量时间和人力成本，造成银行在开展绿色信贷过程中的直接支出增加，削弱银行的效率。Galán 和 Tan（2022）从成本效益的角度出发，认为绿色信贷具有短期机会成本高和收入有限的双重限制，其收入并不能弥补较高的成本，造成盈利能力的下降，对银行的效率产生负面的影响。与此同时，在绿色长期贷款收回本息之前，商业银行难以将资金投资于其他短期和高回报的项目，因此资金的使用存在较大的机会成本。

此外，由于大型商业银行的风险控制机制相较于中小型商业银行更加完善，发展绿色信贷业务能够实现效率的增加，但对于中小型商业银行来说，发展绿色信贷业务会受到自身资源的限制，增加银行的成本，不利于效率的提高。

2）商业银行社会责任与效率

从社会责任的视角来看，Zhu等（2017）、Belasri等（2020）、Forgione等（2020）、Lu等（2023）、Shahwan和Habib（2023）等学者均认为银行社会责任对效率有积极影响，但会受到制度、风险等因素的影响。Belasri等（2020）基于2009—2015年41个国家的184家银行的样本，发现只有在投资者保护程度高、利益相关者导向程度高的国家，银行社会责任才会对效率产生积极影响。同时，相关政策的出台能够增加银行业的社会责任承担，进而促进银行效率的提升（Forgione et al.，2020；Lu et al.，2023）。Finger等（2018）则认为银行承担企业社会责任会产生相关的成本，进而产生相反的结果。

3）商业银行治理与效率

与一般企业相比，商业银行具有资产负债率较高、行业管制和监管严苛等特征，这些特征使其内部治理问题更加受到关注。商业银行治理主要涉及客户关系管理、股权结构、董事会和高管激励四个方面。

（1）商业银行客户关系管理对效率的影响

Krasnikov等（2009）的研究证明了良好的客户关系管理有助于提高银行效率，且对效率的积极影响会随着时间的推移而提高。对于资产质量较高的银行，客户集中度与银行效率呈显著正相关关系，而对于资产质量较低的银行，客户集中度对银行效率则呈显著负相关关系（曹强和谭慧，2020）。

（2）商业银行薪酬制度对效率的影响

Van Bekkum（2016）、刘张发等（2017）、王艳艳等（2021）认为商业银行通过实施薪酬延付制度增加了高管获取薪酬的不确定性，降低了管理层提升银行效率的主观能动性，导致银行效率降低。但从长期来看，高管薪酬延付能促使管理层注重长期业绩的持续性，降低了银行业绩的波动性（王艳艳等，2021）。

（3）商业银行股权结构对效率的影响

杨文等（2015）、陈其安和刘艾萍（2015）的研究表明：银行股权结构的变化会影响效率水平，其中，第一大股东持股比例与效率之间存在着倒U型关系，管理层持股比例与效率呈现显著负相关关系，董事、监事及高管薪酬对银行效率会产生显著的负面效应。

（4）商业银行的董事会特征对效率的影响

Agoraki等（2010）、Dong等（2017）、Adeabah等（2019）的研究表明：商业银行的董事会规模与效率之间存在负相关关系，而女性董事占比的提高和更简单的董事会结构往往会提升银行效率；此外，董事会独立性与银行效率负相关。

1.2.5 现有文献评述

首先，随着社会对ESG的关注程度不断提高，ESG评级也愈发受到政府、监管机构和各类市场主体的重视。但现存的ESG评级在评价角度、评价方法和指标选取上存在很大差异，还没有形成一个统一的、被社会公众认可的评价结果。此外，现有的评级指标缺乏对行业特性的考虑，缺少银行专属ESG评级体系。

商业银行践行ESG对价值、绩效、风险、融资成本和流动性创造的影响引起了学术界和实务界的研究浪潮，现有研究结论表明，商业银行践行ESG能减少风险暴露、降低融资成本、加快流动性创造、提升盈利水平。但也有部分学者得出了相反或者不同的研究结论。目前尚缺乏有关商业银行ESG表现影响效率的作用渠道和机制效应的研究。

基于此，本书在环境、社会以及治理三个维度选取部分代表性指标，构建银行业专属ESG评价指标体系，运用熵权法测算银行ESG

评分，使用面板数据分析银行ESG及各子维度表现对效率的影响作用，探索银行ESG表现对效率的影响渠道和作用机制。

1.3 研究内容及方法

1.3.1 研究内容

本书在梳理商业银行ESG及效率的相关研究的基础上，依次从商业银行ESG内涵界定、我国商业银行ESG评价、银行利润效率测算、银行践行ESG影响利润效率的机制、政策建议几个方面展开研究，具体思路框架如图1-1所示。

1）商业银行ESG内涵界定

本书从ESG内涵、评级及对商业银行效率影响等方面梳理了国内外相关文献，参考了《金融机构环境信息披露指南》（2021年，中国人民银行）、《商业银行公司治理指引》（2013年，原银保监会）、《关于推动银行业和保险业高质量发展的指导意见》（2019年，原银保监会）、《银行业保险业绿色金融指引》（2022年，原银保监会）等政策要求。本书认为ESG既是一种追求长期价值增长的投资理念，也是一种全面、具体、科学的治理方式。作为衡量企业可持续发展的非财务关键性指标，ESG评级可以准确地反映和衡量企业在经济、社会、环境方面的综合价值及可持续发展能力（李小荣、徐腾冲，2022）。

具体而言，在环境方面，ESG重点关注气候风险、绿色低碳投资和消费需求，加强绿色金融产品创新、加大绿色信贷投入和开展绿色运营，促进人与自然和谐共生；在社会责任方面，在满足员工、客户、股东等利益相关者要求的基础上，强调助力实体经济高质量发

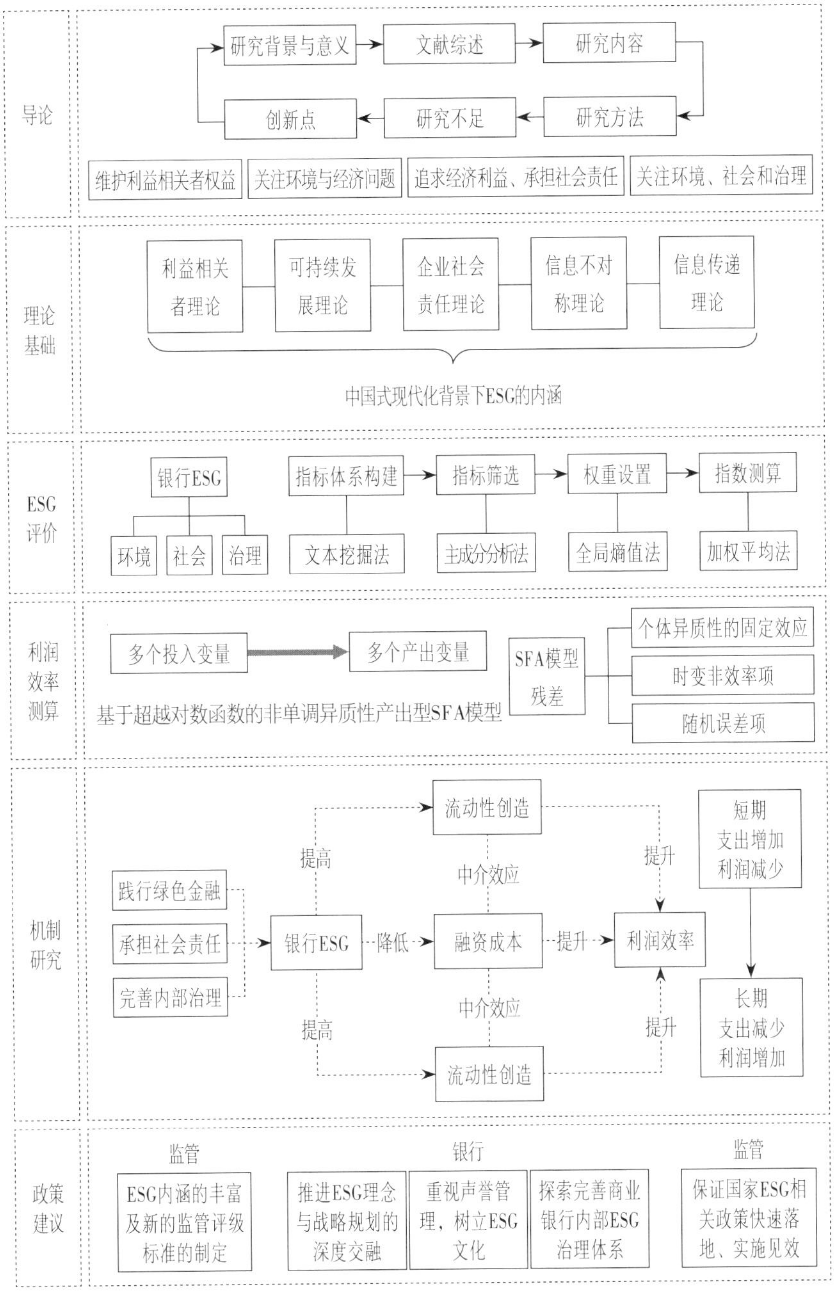
导论
研究背景与意义
文献综述
研究内容
研究方法
研究不足
创新点
维护利益相关者权益
关注环境与经济问题
追求经济利益、承担社会责任
关注环境、社会和治理
理论基础
利益相关者理论
可持续发展理论
企业社会责任理论
信息不对称理论
信息传递理论
中国式现代化背景下ESG的内涵
ESG评价
银行ESG
环境
社会
治理
指标体系构建
指标筛选
权重设置
指数测算
文本挖掘法
主成分分析法
全局熵值法
加权平均法
利润效率测算
多个投入变量
多个产出变量
基于超越对数函数的非单调异质性产出型SFA模型
SFA模型残差
个体异质性的固定效应
时变非效率项
随机误差项
机制研究
践行绿色金融
承担社会责任
完善内部治理
银行ESG
提高
流动性创造
中介效应
提升
降低
融资成本
利润效率
短期
支出增加
利润减少
长期
支出减少
利润增加
政策建议
监管
ESG内涵的丰富及新的监管评级标准的制定
银行
推进ESG理念与战略规划的深度交融
重视声誉管理，树立ESG文化
探索完善商业银行内部ESG治理体系
保证国家ESG相关政策快速落地、实施见效

图 1-1 思路框架图

展、乡村振兴、公益活动等，体现包容、公平、平等、普惠、共赢的理念；在治理方面，坚持党的领导，加强投资者关系管理，提高董事会的独立性、多样性，做好风险管理和信息披露，完善公司治理结构。

2）我国商业银行ESG评价

首先，参考国内外不同ESG评级机构的评价角度、指标选取、评价方法和评价标准，从环境、社会和治理三个层面选取20个代表性指标，构建商业银行专属的ESG评价指标体系，在指标体系中加入助力“双碳”目标实现、发展普惠金融、加强党的建设和引领等多项具有中国特色的指标；其次，使用文本挖掘法进行数据收集，考虑指标数据的变异性和指标间的冲突性，采用熵权法对指标进行赋权，使用自下而上逐级加权平均的方法测度银行ESG评价。

从我国64家商业银行的ESG评价结果来看，我国商业银行ESG评分整体稳中有增，不同银行之间也有明显的得分差距。其中，国有商业银行和股份制银行ESG评分较高，城商行次之，农商行ESG评分最低，且该结果与华证、中证等专业ESG评估结果相关性较高。

此外，本书所构建的该评级体系及结果与其他评级机构相比具有如下优势：

（1）该指标体系设置不同于以往的共性评价，根据银行业特性构建专属于银行业的ESG评价体系；

（2）拓宽了ESG评级的覆盖面，将评价范围拓宽至非上市银行；

（3）该评价结果更能体现银行间ESG水平的差异性，且方法成熟，具有一定的可复制性。

3）基于非单调异质性随机前沿模型的银行利润效率测算

考虑到银行业务间关联性较强、产品较复杂，本书选择超越对数生产函数；由于我国中小银行众多且同质化程度较高，经营过程中容易受到规模、制度和外部环境变化等因素的影响，所以本书将误差项分解为时变非效率项、个体异质性的固定效应和随机误差项三个部分，通过个体异质性的固定效应捕获银行个体之间的差异性，通过时变非效率项满足无效率项非单调性变化要求；鉴于银行要在风险和收益的动态平衡中实现利润最大化，故本书采用产出定位的多投、多产随机前沿方法进行效率测度。

本书对2012—2022年我国64家商业银行进行利润效率测度，结果表明：①发展能力在5%的水平下显著影响银行利润效率，且主要变量系数均显著，说明测算指标选取较为合理，模型可信度高；②银行的效率以2018年为分界点呈先升后降的趋势，且各家银行间存在一定的差异。

4）银行践行ESG对利润效率的影响的理论和实证研究

基于信息不对称理论、利益相关者理论，从银行内部和外部两个维度探究商业银行践行ESG提升其利润效率的机理。

从环境维度来看，商业银行在客户准入、信贷政策制定、授信审批等方面进行差异化设计，通过绿色金融服务引导资金流向，推动信贷结构调整，有助于缓释负外部冲击，降低尾部风险。

从社会维度来看，商业银行通过对普惠金融、乡村振兴、公益捐赠等方面高质量的信息披露，可赢得利益相关者的广泛认同，提高声誉和客户感知，获得具有经济价值的外部资源。

从治理维度来看，商业银行将ESG纳入全面风险管理体系，可以识别和评估企业和项目的潜在风险，减少资本消耗和预期损失。

以2012—2022年我国64家商业银行年度数据为研究对象，运用两步最优GMM对ESG及各子维度对利润效率的提升作用进行实证检验，得出以下结论：商业银行践行ESG对利润效率具有显著的正向影响，其中，社会责任对利润效率的促进作用最为突出，公司治理和环境保护的影响相对较小。

5）银行践行ESG提升利润效率的路径研究

（1）基于流动性创造视角，以银行总体、表内外的流动性创造比率为中介变量，从资金来源、资金运用、业务拓展等方面，探讨银行践行ESG对效率的影响机制，结果表明：商业银行践行ESG能通过提升自身的总体流动性创造能力、表内流动性创造能力、表外流动性创造能力提高效率，但比较而言，表内流动性通道效果更顺畅、显著。

（2）从成本的视角来看，环境、社会及公司治理三个维度都能通过降低银行融资成本来提升效率。具体来看：①商业银行提供绿色服务有助于降低融资成本、提升效率；②商业银行积极承担社会责任，通过提供优质的服务和更多的理财产品吸引客户，相比于债务和股权融资能获得更低的融资成本；③完善的公司治理结构不仅能及时防范和化解风险，推动金融业务发展，还能通过提升管理层的透明度和可靠性，降低信用违约风险，从而进一步降低资本成本。

（3）基于声誉传播视角，本书探讨了商业银行ESG表现与效率之间的声誉中介传导作用。研究发现，商业银行践行ESG能提升银行声誉进而显著提升效率，当商业银行受到声誉风险冲击时，ESG表现对效率的提升作用更为显著。

以上中介机制研究弥补了现有机制分析的不足，丰富了现有文献，为商业银行实现高水平的价值创造、增强经济竞争力、提高效率提供了新思路、新方法。

6）银行践行ESG提升效率的政策建议

基于银行ESG对效率提升的影响机制和实证研究，本书从商业银行和监管部门两个维度提出建立健全金融机构专属ESG评级体系、完善银行ESG监管模式、优化ESG信息披露机制、发挥政策性资金的指导作用，引导商业银行自觉践行ESG理念，并给出具体政策建议，进而实现商业银行的经济效益、社会效益和生态效益的有机融合和效率提升。

1.3.2 研究方法

本书运用多种研究方法来分析商业银行ESG表现对效率的影响，具体如下：

1）文献综合研究法

通过对现有国内外文献、图书和其他信息的检索，深入学习、系统对比、全方位总结分析现有与商业银行ESG和效率相关的理论研究。在此基础上，提出本书的研究对象和思路。

2）归纳演绎法

本书在大量文献研究、数据调查的基础上进行归纳演绎：从我国银行转变发展理念及ESG实践过程中存在的问题出发，结合我国国情，提出中国式现代化背景下ESG的新内涵，应用ESG的相关理论，从形成动因、途径等方面演绎出ESG对商业银行效率的影响机理；此外，以本书中商业银行ESG对效率影响的融资成本、流动性创造和声誉的中介效应理论分析与实证研究结果为基础，提出相应的对策建议。

3）理论研究和实证研究相结合

在理论研究方面，本书通过可持续发展理论、企业社会责任理论、利益相关者理论、声誉管理理论、信息不对称理论和信息传递理论找到银行ESG表现与效率的内在联系，厘清银行ESG是否会通过降低融资成本、提高流动性创造能力、增加声誉资本来提升效率，深入剖析银行ESG对效率的作用机制，明确提升路径，为提高银行服务实体经济质效、实现可持续发展奠定基础。

在实证研究方面，本书首先考虑商业银行ESG表现对效率的影响中可能存在遗漏变量与反向因果导致的内生性问题，使用基于工具变量的两步最优GMM对银行ESG与效率之间的关系进行实证分析；其次，通过中介效应检验银行ESG表现通过声誉、融资成本、流动性创造渠道影响效率的传导作用。

4）定性分析和定量分析相结合

在定性分析方面，本书通过比较分析方法将环境维度、社会维度和公司治理维度对商业银行利润效率的影响进行比较分析，总结出ESG评分较高的银行的成功经验，为进一步推动银行转变价值理念、完善治理体系、优化投资模式、树立良好市场形象提供经验参考。

在定量分析方面，首先，本书针对中国式现代化背景下ESG的新内涵，构建我国银行业专属的、科学的、客观的ESG评价指标体系，本书考虑到指标的变异性和指标间的冲突性，使用标准差或变异系数表示变异性，用“1-相关系数”表示冲突性，以变异性和冲突性的乘积反映指标信息量，提升了ESG指标体系的客观性。其次，本书将SFA模型中的误差项分解为技术无效率项和个体异质性，并允许无效率项非单调变化，解决了因个体异质性和影响因素的时变特征导致技术效率测算存在偏误的问题，提高效率测算精度。再次，本书使用IV-GMM方法和中介模型探究商业银行ESG及各子维度对利润效率的影响，验证了商业银行践行ESG提升利润效率的流动性创造、融资成本和声誉的三个路径，该研究结果对激发银行践行ESG理念、帮助银行提升风险韧性和可持续发展能力，实现社会价值创造，促进经济可持续、高质量发展提供启示，为监管部门制定、完善相关政策和激励银行自觉践行ESG理念，确保国家政策快速落地、实施见效提供参考依据。

1.4 主要创新点与不足

1.4.1 研究创新

本书的创新之处体现在以下四个方面：

1）我国银行业ESG评价指标体系构建及评价

（1）构建我国银行业专属的ESG评价指标体系。针对现有国内外ESG评级机构在原始数据的质量、抓取方式、更新频率和评级指标选取、评级方法运用等方面的差异和不足，结合我国商业银行的业务、产品特征，从环境、社会以及治理三个维度选取20个代表性指标，构建我国银行业专属的、科学的、客观的ESG评价指标体系。其中，环境维度包括绿色信贷余额、绿色运营、责任荣誉、绿色创新；社会维度包括反洗钱、乡村振兴、对外捐赠、小微企业贷款余额、员工总人数、女性员工比例、反歧视政策、客户隐私和数据安全；治理维度包括资本充足率、净资产收益率、不良贷款率、独立董事占比、投资者关系管理、信息披露状况、反腐败反贿赂政策、报告可信度。该指标体系成功地引入了一些具有中国特色的指标，如在社会维度引入了乡村振兴指标，在治理维度引入了廉洁金融和党对金融的绝对领导方面的考量，具体体现在反腐败、反贿赂政策指标中。

（2）基于熵权法进行我国银行业ESG评价。以2012—2022年我国64家商业银行的数据为样本，使用熵权法测算各级指标权重和商业银行的ESG最终评分。结果表明：从整体上看，我国商业银行ESG评分稳中有增，但不同属性的商业银行间仍有较大差距。其中，国有商业银行平均ESG评分自2012年起基本保持在0.5以上；股份制银行平均ESG评分保持在0.4、0.5分；城商行整体ESG评分略逊色于国有银行和股份制银行，平均在0.3分；而农商行的ESG评分最低。从环境、社会和治理三个维度来看，无论哪个类型的银行，其治理维度的得分都远远高于其他两个维度的得分。

（3）ESG评分结果比较。将本书的ESG评价结果与当前中国市场上主流的ESG评价结果进行Pearson相关性检验，得出本书ESG评价具有以下优势：①在指标体系的设置上不同于以往的共性评价，根据银行业特性构建了专属于银行业的ESG评价体系；②拓宽了ESG评价对象的覆盖范围，不只针对上市银行和大型银行进行ESG评价；③本书的评价结果与其他评价主体的结论整体趋势一致，且通过检验证明了本书测算的ESG评分数据的有效性和稳健性，但本书的评价结果更能体现银行间ESG水平的差异性。

2）基于非单调异质性SFA模型的商业银行利润效率测算

（1）非单调异质性SFA模型的构建。①考虑到商业银行业务之间相互交叉、关系复杂，且在流动性创造中不断平衡风险和收益，以实现资金的跨期限、跨空间、跨地域配置，故本书选择构建超越对数生产函数；②由于我国中小银行众多且同质化程度较高，经营过程中容易受到规模、制度和外部环境变化等因素的影响，所以将误差项分解为时变非效率项、个体异质性的固定效应和随机误差项三个部分，通过个体异质性的固定效应捕获银行个体之间的差异性，通过时变非效率项满足无效率项非单调性变化要求；③鉴于银行要在风险和收益的动态平衡中追求利润最大化，故采用产出定位的多投、多产随机前沿方法进行效率测度。

（2）基于非单调异质性SFA模型的商业银行效率测算。本书使用了我国64家商业银行2012—2022年的非平衡面板数据，采用产出定位的非单调异质性多投入多产出的随机前沿方法对商业银行效率进行测度，以营业支出和利息支出两个指标为投入要素，以税前利润总额和发放贷款及垫款总额两个指标为产出要素，考虑到员工生产力和营运能力对银行效率的影响，选取人力投入回报率、所得税/利润总额为影响因素。测算结果表明：①大多数变量的系数显著，说明测算方法可靠，效率数值能够较为准确地反映银行的真实效率，模型可信度高。其中，在无效率函数方面，员工生产力和营运能力对银行效率有较大的影响。②2012—2021年各家银行的效率以2018年为分界点呈先升后降的趋势，但仍有较大提升空间。③按所有权分类来看，股份制银行的效率一直保持较高水准，国有银行效率相对较低，而城市商业银行和农村商业银行不断调整、拓宽、发展中间业务，积极结合自身特点、发展路径确立特色化定位，效率处于较高水平，甚至赶超了国有与股份制银行。

3）商业银行ESG表现对效率影响的研究

（1）基于利益相关者理论，从银行内部和外部两个维度进行商业银行践行ESG对利润效率影响的理论分析。从银行内部来看，商业银行践行ESG理念，能提高员工对于银行品牌及文化的认可度，提升员工工作效率，改善公司治理，加强银行的内控合规管理能力，为利润效率的提升营造良好的内部环境；从银行外部来看，银行践行ESG理念能够更好地满足客户对于产品及服务的需求，使银行产品及服务在质量、价格方面与同级别银行无明显差异的情况下提升对客户的吸引力，增强自身对社会责任的认可，获得具有经济价值的外部资源，为利润效率的创造营造良好的外部环境，进而实现银行和社会“双赢”发展。

（2）以2012—2022年我国64家商业银行的数据为样本，使用两步最优GMM方法探究商业银行ESG及各子维度对自身效率的影响。其中，商业银行ESG评分为主要解释变量，利润效率为被解释变量，每股盈余公积为处理内生性问题的工具变量。结果表明：①良好的商业银行ESG表现能够显著提升银行的利润效率；②环境、社会、治理三大支柱中，社会责任对利润效率的促进作用最为突出，公司治理和环境保护的影响相对较小。

4）商业银行ESG表现提升利润效率的路径研究

（1）基于信息不对称理论、声誉传播理论和利益相关者理论阐述商业银行ESG表现通过流动性创造、融资成本和声誉对利润效率产生影响的机制，丰富了现有的ESG相关理论研究，弥补了现有机制分析的不足，为ESG相关研究开拓研究新思路。

（2）基于中介效应检验方法，使用银行真实数据检验上述机制是否存在。具体步骤为：

①基于cat-fat方法测算商业银行的表内、表外流动性创造水平，从资金来源、资金运用、业务拓展等方面，探讨银行践行ESG提高效率的信用创造的影响机制。结果表明：商业银行践行ESG能通过提升自身的总体流动性创造能力以及表内、表外流动性创造能力提高效率，但比较而言，表内流动性通道效果更顺畅、显著。

②从债务融资成本视角，探究了环境、社会及公司治理三个维度均能够起到加强风险管理、增加信息披露、提供优质服务和更多的理财产品、吸引客户存款、提升管理层的透明度和可靠性、降低融资成本、提升商业银行利润效率的作用。

③基于声誉传播理论，探讨了商业银行ESG表现与效率之间的

声誉中介传导作用。研究发现，商业银行践行ESG能提升银行声誉进而显著提升效率，当商业银行受到声誉风险冲击时，ESG表现对效率的提升作用更为显著。

以上中介机制研究弥补了现有机制分析的不足，丰富了现有文献，为商业银行实现高水平的价值创造、增强经济竞争力、提高效率提供了新思路、新方法。

1.4.2 研究不足

本书在研究过程中存在一定的问题和不足，主要体现在：

（1）数据可获性差，样本量较少。由于2012—2022年各银行社会责任报告披露和相关数据公布的情况不同，本书存在数据缺失问题。此外，本书进行了适当的数据清洗和银行筛选，导致实证数据较少。

（2）对策建议及未来展望有待完善。由于本书尚有部分中介和外部调节效用实证没有完成，故对策建议和未来展望部分会稍有欠缺。

2

基本概念及相关理论

2.1 商业银行ESG及利润效率的基本内涵

2.1.1 商业银行ESG的基本内涵

近年来，伴随着ESG理念逐渐获得国际社会的广泛认可，中国银行业也把ESG视为实现可持续发展目标的一种方法。

2012年，原银监会在《绿色信贷指引》中要求银行业机构建立环境与社会风险管理体系，公开绿色信贷战略和政策，全面揭示绿色信贷的发展现状，这表明商业银行的环境和社会维度管理理念已初步显现。

2019年12月，原银保监会发布《关于推动银行业和保险业高质量发展的指导意见》，详细阐述了银行业金融机构要建立健全的环境与社会风险管理体系，将环境、社会、治理要求纳入授信全流程，强化环境、社会、治理信息披露和与利益相关者的交流互动，这是首次从监管角度对商业银行ESG治理提出要求和指引。

2021年3月，《中华人民共和国国民经济和社会发展第十四个五年规划和2035年远景目标纲要》（以下简称“十四五”规划）提出“推动绿色发展，促进人与自然和谐共生”的绿色可持续发展战略，从环境、社会、治理三个维度进一步强调了践行ESG理念的重要性。该政策的出台标志着我国商业银行从侧重单一环境维度管理，过渡到环境、社会和治理的多维度综合管理。

2022年6月，原银保监会发布《银行业保险业绿色金融指引》，对商业银行的要求从加强商业银行对自身业务活动中环境、社会和治理风险的有效识别、监测、防控，扩展到对客户（融资方）及其主要承包商、供应商可能给环境、社会带来的危害及引发的风险的关注，将环境、社会、治理要求纳入管理流程和全面风险管理体系。

随着我国对可持续发展、绿色发展的大力推动，以及各监管部门所出台的一系列ESG相关政策，中国ESG从概念走向实践，逐步融入国际ESG蓬勃发展的潮流中，商业银行的ESG实践已从探索和试验阶段走向落地和扎根，践行ESG理念已成为商业银行经营发展过程中的重要命题之一。

在环境领域，商业银行通过设立环境管理目标，强化环境保护管理，推动自身绿色发展；同时，利用行业特殊性，打通绿色金融服务可持续发展通道，以金融手段支持和促进生态环境保护和经济增长的绿色低碳转型，引导更多企业进行绿色转型，促进我国经济社会全面绿色可持续发展。此外，商业银行在绿色信贷、绿色债券、绿色基金、ESG概念理财产品等绿色业务领域持续发力，引导市场将资源投入绿色低碳企业，限制“二高一剩”行业融资，倒逼高耗能、高污染企业进行绿色转型，以实际行动推动ESG的建设，促进全社会经济绿色高质量发展。

在社会领域，商业银行积极布局普惠金融，将支持乡村振兴作为发展普惠金融的重要目标，以服务小微经济、实体经济为集体目标，加大帮扶资金投入，降低资金使用门槛。具体而言，商业银行将普惠金融服务聚焦于脱贫攻坚、小微企业和“三农”领域，通过设立专门的普惠金融事业部、不断扩展创新普惠金融业务，有效缓解相应领域融资难、融资贵的问题。除此之外，伴随着中国提前进入老龄化社会，商业银行还致力于帮助老龄人口逾越“数字鸿沟”，优化适老化金融服务：一方面，通过为老年人提供专属物理服务场所和通道，提升传统金融渠道服务老龄人口的能力；另一方面，通过开发关怀版官方网站以及适老版手机银行，提供适合老年人的阅读字号、操作指引和防诈骗提示等举措，缓解“数字鸿沟”问题。此外，商业银行还应通过积极参加公益活动、慈善捐赠等方式承担社会责任。

在治理领域，首先，商业银行不断增强风险防范意识、完善风险管控制度、加强风险管理，以保障国家金融系统的稳定及经济的健康运作。其次，遵守法律法规、杜绝贪污腐败是从事生产经营活动的每个利益相关者都必须遵守的原则。商业银行作为资金融通的中介，其反腐败工作更加重要，应加强党的领导，通过建立反贿赂与反腐败相关制度并严格执行，加强廉洁银行建设。最后，商业银行充分利用科技赋能服务，提升公司治理效能。

2.1.2 商业银行利润效率的概念界定

1）效率的概念

效率是经济学的核心内容，不同的经济学家对效率有不同的解释和定义。保罗·萨缪尔森早在1948年出版的*Economics*中就认为“在不减少一种物品生产的情况下，就不能增加另一种物品的生产时，经济的运行便是有效率的，有效率的经济位于其生产可能性边界上”。意大利经济学家和社会学家帕累托在1906年出版的《政治经济学教程》中提出，效率就是帕累托效率。中国经济学家樊刚则在1990年出版的《公有制宏观经济理论大纲》一书中认为，效率就是资源的利用效率，是社会利用现有资源进行生产所提供的效用满足程度。

综上所述，效率是指在一定的条件下，实现某一目标所需要的资源投入与实际投入的比值。效率越高，说明资源利用越节约，生产成本越低，经济效益越好。具体而言，效率有狭义、广义之分，狭义上的效率即资源运用效率，指某一生产企业或生产部门如何在产出一定的情况下实现生产成本最小化或在给定条件下实现利润最大化；广义上的效率即资源配置效率，指不同微观主体、不同区域或不同国家进行资源配置以达到各决策主体效用最大化。从投入和产出两个维度，效率又可以分为技术效率和配置效率。

（1）技术效率

技术效率由 Farrell 于 1957 年在 *The Measurement of Productivity Efficiency Journal of the Royal Statistical Society* 一文中首次提出，指在既定的技术水平和要素价格下，投入要素或产出数量可优化空间的大小反映整体的效率水平。一般地，技术效率可以从投入和产出两种视角来表述：从投入视角来看，技术效率为既定产出时目标投入与实际投入之比；而从产出视角来看，技术效率表述为既定投入时实际产出与目标产出之比。

以规模报酬不变为前提，假设生产组合为投入 x 与产出 y，其中，G 点为实际生产点，射线 OP 为最优的投入和产出组合，具体如图 2-1 所示。

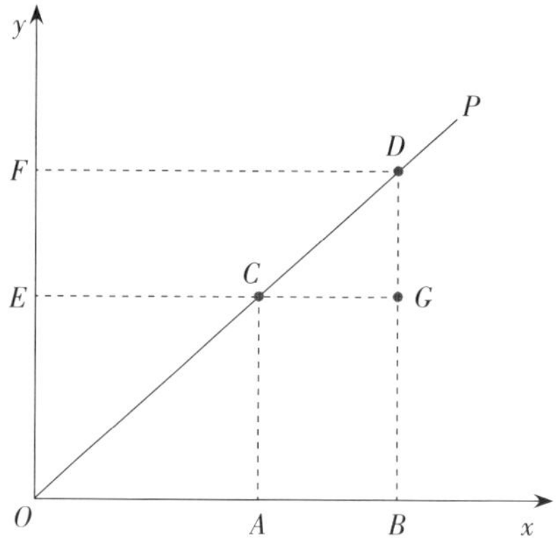

图 2-1　技术效率

由图 2-1 可以看出：相较于 G 点，C 点与其产出相同但是投入更少；D 点与其投入相同，但是产出更多。因此，G 点是一个无效率点。从投入视角看，G 点的技术效率可表示为：$TE_i=EC/EG$；从产出视角看，G 点的技术效率可表示为 $TE_o=BG/BD$。依照比例的特征，技

术效率 TE 的值介于 0~1 之间。TE 的值越大代表实际产出与最优产出的距离越近，表明技术效率越高；反之，越低。换句话说，技术效率是一个相对的概念，描述实际产出与生产前沿之间距离的相对大小。

（2）纯技术效率和规模效率

技术效率测算的假设前提是规模报酬不变，而在实际生产中，规模报酬往往是变化的。基于此，放宽规模报酬不变的研究假设，技术效率则演变成纯技术效率和规模效率。纯技术效率是在规模报酬可变条件下生产前沿的技术效率，表示实际产出与规模报酬可变条件下生产前沿的距离，反映在给定投入的情况下所能获得的最大产出能力。

在考虑了行业规模对生产效率的影响后，将同一实际产出点在规模报酬不变和规模报酬可变条件下的生产前沿技术效率二者的比值记作规模效率，由此可见，规模效率是指在其他条件不变时，规模报酬不变条件下的生产前沿与规模报酬可变条件下的生产前沿之间的距离大小，可以表示为：

$$SE=TE_C/TE_V \tag{2-1}$$

其中，TE_C 和 TE_V 分别表示技术效率和纯技术效率。如图 2-2 所示，给定一个规模报酬可变的生产前沿，对于实际产出点 B 来说，其规模报酬不变的生产前沿为 OE，此时技术效率 $TE_C=AB/AD$；当其生产前沿规模为报酬可变时，其纯技术效率 $TE_V=AB/AC$。因此，其规模效率 $SE=TE_C/TE_V=（AB/AD）/（AB/AC）=AC/AD$。

从上述分析可知，规模效率从成本和利润两个角度来反映规模变化对效率的影响，因此又称为规模经济。

（3）配置效率

配置效率是指在既定的技术水平和要素价格条件下，通过调整要素的投入比例以实现要素投入的最小化或产出的最大化。与技术效率一样，配置效率同样可以从产出和投入这两种视角进行描述。

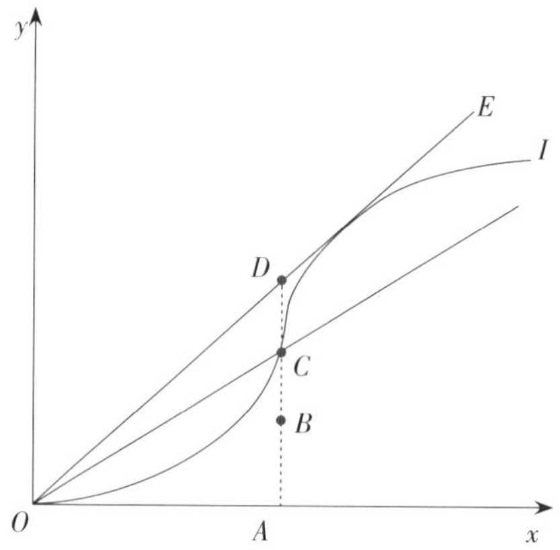

图 2-2 规模效率

①投入视角的配置效率

基于投入视角，配置效率为既定产出时通过调整各种要素的比例数量而实现成本最小化的目标。

假设有x_1和x_2两种投入要素，QQ'为描述既定产出水平下两种投入要素的不同组合的等产量线，P点为实际生产点。由图 2-3 可以看出，射线OP为最优投入产出组合线，Q点为原点O和生产点P的连线与等产量线QQ'的交点，Q点和Q'点均是技术有效点，不仅体现了投入要素数量的差异，还能体现实际投入成本的差异。

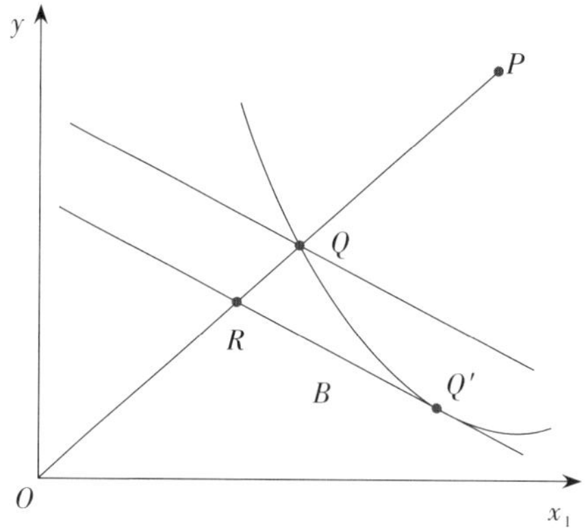

图 2-3 投入视角下的配置效率

若该生产部门的要素投入量在 P 点，则该生产部门的生产效率较 Q 点是低的，因为 Q 点是相同产出水平下所有要素的投入量最小的点，故可以用 QP 来表示该生产部门的非技术效率量。所以，该生产部门的投入角度的技术效率（TE）即 Q 点的技术效率为：

$$TE=OP/OQ \quad (0 \leq TE \leq 1) \tag{2-2}$$

其中，TE 在 0 与 1 之间，当投入要素组合点在 Q 点时，TE 为 1，称完全技术效率。

如果投入要素的价格比已知，可以得到等成本线 RQ'，等成本线 RQ' 与等产量线 QQ' 相切于 Q' 点，那么 Q' 点是生产最佳点。如果该生产部门在 Q 点生产，成本可以减少 RQ 量，所以 Q 点是技术有效点，但不是配置有效点，其投入角度的配置效率（AE）即 Q 点的配置效率为：

$$AE=OR/OQ \quad (0 \leq AE \leq 1) \tag{2-3}$$

其中，R 点表示同一产出下所对应的两种要素组合的最小投入。

此时，总效率是将技术效率和配置效率综合的结果，则该生产部门总投入角度的经济效率为：

$$EE=OR/OP=TE \times AE \quad (0 \leq EE \leq 1) \tag{2-4}$$

由此可知，在各个投入之间的相对比例保持不变的条件下，投入角度的技术效率、配置效率及经济效率都是沿着从原点到被观测生产点方向测量的，总体效率等于技术效率与配置效率的乘积。

②产出视角的配置效率

从产出视角来看，配置效率为在既定的投入下，通过调整各种要素的比例数量，进而实现成本最小化的目标。勒宾森（Leibenstein，1966）提出了基于产出视角的技术效率，假设一个生产部门具有固定规模报酬，通过投入一种要素 x 可生产两种产品 y_1 和 y_2，单位投入的生产可能性曲线为 BD，等收益曲线为 CD，两线相切于 D 点，具体如

图2-4所示。

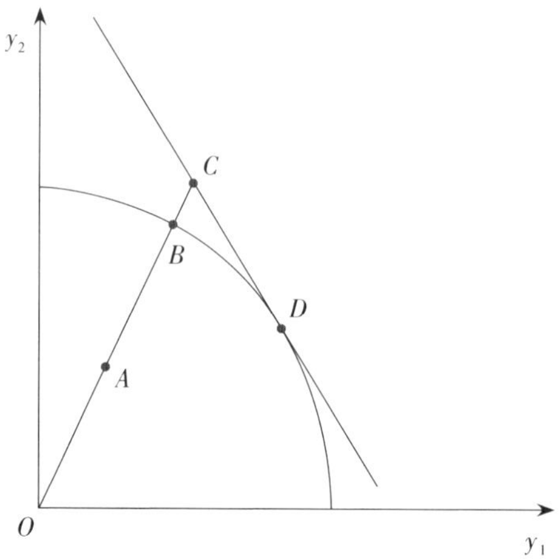

图2-4　产出视角下的配置效率

假设生产部门的产出组合点在*A*点，则该生产部门的生产效率比*B*点低，因为在不额外增加投入的情况下，可以提高其产出到达最大产出点*B*，则*AB*表示该生产部门的非技术效率量，所以该生产部门的产出角度的技术效率为：

$$TE=OA/OB \quad (0 \leqslant TE \leqslant 1) \tag{2-5}$$

其中，*TE*的取值在0与1之间，当投入要素组合点在*B*点时，*TE*为1，称完全技术效率。

如果产出的价格比已知，可以得到等收益曲线*CD*，等收益曲线*CD*与单位投入的生产可能性曲线*BD*相切于*D*点，那么*D*点是收益最大点。如果该生产部门在*D*点生产，收益可以增加*BC*量，所以*B*点是技术有效点，但不是配置有效点，其产出角度的配置效率为：

$$AE=OB/OC \quad (0 \leqslant AE \leqslant 1) \tag{2-6}$$

同理，该生产部门的产出角度的总效率为*OE*=*TE*×*AE*，此时，

$$EE=OA/OC=TE \times AE \quad (0 \leqslant EE \leqslant 1) \tag{2-7}$$

从以上分析可以看出，产出角度的技术效率、配置效率及经济效率的测量也是沿着从原点到被观测生产点的方向测量的，其特点是各个产出之间的相对比例保持不变。

综上所述，充分利用现有的技术和投入，是实现利润最大化的基础。但是，技术效率不能保证一定实现利润最大化，因为利润是出售产品得到的收入与购买投入要素的支出之间的差额，决定成本的因素既包括所购买投入要素的数量，还包括投入要素的价格。利润最大化就是要在实现技术效率的基础上实现配置效率，只有当成本既定时收益最大，或收益既定时成本最小，才实现了配置效率。所以，衡量一个生产部门实现资源有效配置的标准包括技术效率和配置效率两个方面，两者缺一不可。

2）银行效率的概念

银行效率是指银行合理分配投入以期获得最佳产出的能力，即日常经营活动中的投入与产出或者成本与收益之间的对比关系，是对银行实现投入最小化或产出最大化有效程度的度量（迟国泰等，2006），从本质上讲，是商业银行对其资源的有效配置，是商业银行市场竞争能力、投入产出能力和可持续发展能力的总称。

从整体角度来看，银行效率水平反映了银行业对全社会经济增长的贡献程度，衡量了银行业在投入和产出之间的最佳配置比例。从个体角度来看，银行效率反映了银行在利用资源、创造价值和实现目标方面的能力，是在保证流动性、盈利性和安全性的基础上，合理配置自身的现有资源，以达到最优投入产出比的能力。本书的研究着重于产出角度下的微观层面的银行效率，即商业银行在特定的生产技术条件下，对资金、人力和技术资源的合理配置，进而实现最大化产出。

首先，银行效率体现了银行的经营成本和收入之间的平衡。作为追求盈利的金融中介机构，商业银行需要在经营过程中控制成本、增加收入，以实现效率的提升。较低的经营成本可以增加商业银行的净收益，而高回报的投资项目能够让商业银行获得更高的利润，从而实现资金的高效配置和流动。

其次，银行效率还会受到银行的资产质量和风险控制能力的影响。商业银行面临着信用风险、市场风险、流动性风险等风险。高效率的银行通常能够有效管理风险，避免和控制风险带来的损失。良好的资产质量和风险控制能力能够确保银行稳健地经营，避免其因发生风险事件而遭受损失，提高银行的效率，二者相辅相成。

最后，银行效率还涉及银行的创新能力和竞争优势。随着金融行业的不断变革和竞争加剧，商业银行需要具备较强的创新能力，不断推出新产品、新服务，以满足客户的需求。较强的创新能力能够提高银行的市场占有率和客户黏性，增加银行的收入，从而提高效率。同时，商业银行还需要具备竞争优势，以在激烈的市场竞争中脱颖而出。

综上所述，银行效率是评估银行经营绩效和盈利能力的重要指标，体现了银行平衡经营成本和收入、资产质量和风险控制、创新能力和竞争优势等方面的能力。

商业银行效率是建立在同一背景下、同一基础上的一个相对值，分为规模效率、范围效率、X效率。

（1）银行规模效率

英国经济学家伊特韦尔和美国经济学家米尔盖特、纽曼共同撰写、出版的《新帕尔格雷夫经济学大辞典》（1987年）对规模经济进行了定义：在既定的技术条件下，如果在某一区间内生产的平均成本递减，那么就可以说具有规模经济，反之为规模不经济。

银行规模效率是指银行在特定资源下的产出和收入的实际比率。

它不仅涉及银行资源的合理配置，还涉及银行的管理水平、信息处理能力、产品结构合理性等因素，是评价银行规模和作用的重要指标之一。

如果产出的增长高于成本的增长，则该银行处于规模效率的状态，通过扩大规模和提高产出水平，银行可以更有效率地经营；如果产出的增长低于成本的增长，或者说，成本的降低导致产出更快地降低，则该银行处于规模无效率的状态；如果产出的扩张所引起的成本增加没有变化，则该银行处于常数规模效率状态。

（2）范围效率

范围效率也称范围经济，是指如果一家厂商同时生产多种产品的支出小于多个厂商分别生产的支出，则存在范围经济。商业银行的范围经济是由金融业资产专用性很低造成的。因为商业银行资产专用性较低，所以其资产可用来生产多种产品或提供多项服务，这不仅节省了人力成本，还减少了固定资产投资。当商业银行提供多种服务时，其成本可能大幅度降低，因此具有范围经济。

（3）X效率

X效率又称管理效率。以个人为基本的研究单位，由于组织或个人的原因，存在尚未利用的机会，将这种既不是配置原因，也不是动机或技术原因导致的无效率定义为X无效率。X效率提出并非所有企业都追求成本最小化，即并非所有的企业都在它们的生产可能性边界上生产。

相应地，商业银行的X效率指除规模经济和范围经济影响之外的所有技术效率和配置效率的总和，通常采用在一定产出下的实际成本与成本效率边界的偏离度来度量，以此来评价商业银行在成本控制和获取利润等管理能力上的差异。

2.2 相关理论

2.2.1 可持续发展理论

可持续发展一词最早在《世界自然保护大纲》中被提出，强调经济发展不能以危害环境为代价。1987年，联合国大会通过了由世界环境与发展委员会（WCED）提出的《我们共同的未来》，指出人们必须改变现有的习惯，减轻生态环境的压力，要实现可持续发展就必须在满足当代人的需求的同时不对后代人满足其需要的能力构成危害。该报告的提出标志着可持续发展理论的正式诞生。

可持续发展的相关研究越来越受到理论界和实务界相关人士的重视。2015年9月，联合国在纽约总部召开了可持续发展峰会，193个成员国在峰会上通过了《联合国2030年可持续发展议程》，该议程提出了指导各成员国解决2015—2030年环境、社会和经济问题的17个可持续发展目标。这些年学者不断探索研究，从自然、环境、经济、社会、政治等多个维度对可持续发展理论进行了阐述，当前主流的观点聚焦于社会、经济和自然三个方面：第一，从社会维度来看，强调在改善人们生活品质的同时，注重维持一个良性运转的生态系统，不能超出其涵容能力；第二，从经济维度来看，主张在维持自然资源的质量及其所提供服务的前提下，最大限度地增加经济发展所获得的净利益，经济的发展既要增加当代人的福利，也能不损害后代人的福利；第三，从自然维度来看，在发展的过程中，要保护、加强环境的生产和更新能力。

基于上述分析，可持续发展要求统筹兼顾社会、经济和环境等多个维度，主张包容性，强调不能单纯地对环境进行保护而牺牲经济的增长。

随着经济高质量发展要求的提出，我国对于低碳、绿色发展模式的重视程度不断加深，以习近平同志为核心的党中央提出了“新发展理念”，将可持续发展具化为创新、协调、绿色、开放、共享五个方面，指导我国经济平稳健康发展。因此，商业银行在经营发展的过程中，要兼顾经济效益、环境效益和社会效益，坚持贯彻落实ESG的发展理念，以实现更好的发展。

2.2.2 企业社会责任理论

企业社会责任（Corporate Social Responsibility，CSR）是指企业在创造利润的同时，不仅要对股东和员工承担法律责任，还要对消费者、社区以及环境负起责任，着重指出了生产过程对于环境、消费者和社会所作出的贡献。

当前，国内外学者对企业社会责任理论进行了多元化的深层研究，形成了“责任铁律”“同心圆”“三重底线”等理论。其中，责任铁律理论认为企业需受社会责任的约束，其社会责任应与社会权力匹配，不承担社会责任的公司将很难生存（Davis，1960）。同心圆理论包括内圆、中间圆和外圆三个层面：内圆指企业履行生产制造、促进就业、经济增长的基本经济职责；中间圆指企业以执行基本经济职能为前提，实现其保护环境和合理雇员的功能；外圆指企业应实现消除贫困等社会环境改善功能。三重底线理论认为企业的社会责任可以细化为经济责任、环境责任和社会责任，企业作为社会组成的一部分，应主动参与环境保护（Elkington and Rowlands，1999）。

此外，Carroll（1979）还提出企业责任“金字塔”模型，认为企业的社会责任包含了社会对经济组织在经济上、法律上、伦理上和慈善上的期望。李伟阳和肖红军（2008）以资源配置为基础，认为企业社会责任的核心要义就是建立一个利益相关者的合作机制，可以包容各利益相关者的多样性和复杂性，提高利益相关方的价值认知能力，使各利益相关者的价值创造潜力得到最大程度的发挥，优化配置社会资源，从而使社会的整体价值得到最大程度的实现。

随着可持续发展理念的提出和深化，国内外学者将企业社会责任理论与可持续发展理论相结合，进一步扩展企业社会责任的内涵，并将企业社会责任上升到企业的战略目标。企业社会责任不仅是一种改善公共资源的自由裁量，更是企业积累重要、特殊的战略资源应尽的责任义务。企业积极履行社会责任并考虑其经营对环境的影响，不仅可以提高企业的市场份额，还会减少企业的生产排放、浪费和污染，节约节能，推动可持续发展（Jawad，2020）。

2.2.3 利益相关者理论

利益相关者理论于1894年由弗里曼（Freeman）在《战略管理：利益相关者方法》一书中提出，他认为利益相关者是能够影响一个组织目标的实现，或者受到一个组织实现其目标过程影响的所有个体和群体。在具体实践中，利益相关者被划分为不同的层次。

查卡姆按照相关群体与企业是否存在交易性合同关系，将利益相关者划分为契约型利益相关者和公众型利益相关者两类（Charkham，1992）。契约型利益相关者包括股东、雇员、客户等；公众型利益相关者包括全体消费者、政府、媒体等。

米切尔按照合法性、权力性、紧急性三个属性将利益相关者分为三个类型：第一类是确定型利益相关者，同时拥有对企业问题的合法性、权力性和紧急性，如股东、雇员和客户；第二类是预期型利益相关者，通常与企业保持较为密切的联系，能够拥有上述三项属性中的两项；第三类是潜在利益相关者，是指只拥有合法性、权力性、紧急性三项特性中一项的群体。

企业和利益相关者之间，本质上是一种互利的“契约”关系，通过正式制度或非正式制度规定其权责关系。企业如果想从利益相关者的手中获得资源、营造更好的经营环境，就必须承担责任，维护利益相关者的权益。同时，利益相关者为了从企业获得相应的权益和回报，也必须带给企业相应的资源，提供良好的经营环境。

商业银行作为我国金融体系中规模最大的金融机构，不应盲目、简单地强调股东利益至上主义，而应在考虑其他利益相关者正当权益的前提下谋求股东自身利益最大化，与各方利益相关者形成均衡的合作关系，避免成为其中一方获取私利的工具。

2.2.4 信息不对称理论

信息不对称是指在市场中参与者一方拥有信息，而另一方并不拥有信息或拥有的信息比较少，导致信息资源占有量存在差别，这会影响市场参与双方的准确决策。

基于委托代理理论，信息不对称会产生道德风险，即管理层（代理人）对公司的信息了解得更多，并决定向投资者（委托人）隐瞒相关的信息。对于有限的信息，投资者会低估表现良好的公司，高估表现不佳的公司，从而导致市场无法优化配置资源。由于缺乏对代理人的适当监督，管理层的行为往往侧重于短期收益，这通常与高管薪酬有关，而不是与股东和其他利益相关者的可持续（长期）业绩有关。因此，企业可以通过披露额外的、高质量的信息增加管理层和股东之间的沟通，从而最大限度地减少委托代理问题和权益资本成本。另外，从投资者的角度来看，额外的信息披露可以帮助投资者进一步了解公司未来潜在的风险和机会，从而帮助投资者作出正确的投资决策。

ESG绩效评价是纠正利益相关者和企业之间信息不对称问题的重要手段，企业披露ESG信息可以缩小不同主体之间的信息量差距。这是因为ESG的绩效评价除了考虑企业的治理、管理能力和财务状况外，还考虑了企业的社会责任和长期可持续发展能力。ESG绩效评价将迫使企业主动改善其管理和信息披露水平，良好的ESG绩效评价不仅会得到权威第三方评级机构的认可，还能反映政府和金融机构对企业社会责任的认可，向资本市场发出合作企业形象良好的信号，提高企业自身的商誉和可持续竞争力，从而帮助投资机构或投资者在信用评估中更好地了解企业信息，最终进行理性投资。随着ESG评级信息披露的普遍化，获得评级的公司比未获得评级的公司透明度更高，风险相对较小，可以满足投资者的风险规避需求。

2.2.5 信息传递理论

信息传递理论，也称为信号传递理论，是研究信息如何在不同实体或系统之间有效传递和接收的理论框架。其核心在于信息通过各种渠道和媒介，在发送者与接收者之间流通，并对接收者的决策产生影响，强调信息传递的效率和效果，以及信息接收者如何根据接收到的信息作出反应。

良好的ESG表现能为企业在员工、客户等利益相关者中建立良好的声誉，进而提高组织合法性，提升经营管理效率，与利益相关者建立密切关系。与此同时，良好的ESG表现向外界传递了企业具有强烈责任感和高道德水平的信号，帮助企业树立良好形象，强化了企业的品牌效应，可以有效地改善顾客的主观心理，提高顾客对产品的满意度和购买意愿，增强了与同类企业和同类产品相比的优势，进而提高企业的盈利能力。

当然，传递信息必然要付出一些代价，比如企业履行社会责任和环境责任、编制ESG报告等，这些都需要消耗大量的物质和财富，不是所有企业都能够轻易做到。当企业完成这些措施后，就能够有效地向市场传递信号，增强投资者和其他利益相关方对企业的信心，从而帮助其自身获得更多的支持。所以，ESG评价越高的公司会更愿意积极并不断地披露优质ESG信息和定期出具ESG报告，对市场及利益相关方发出积极信号，对市场主体决策起到有效的借鉴作用，避免出现逆向选择现象。

信号的显著性和有效性不仅取决于信号发布者和信号的特性，还取决于企业的信号环境。从公众角度来看，ESG表现良好的企业通过信息披露可以向外界传递企业经营状况良好的信号，有利于企业赢得投资者的信任，吸引资本投资，缓解企业融资约束。

信号传递理论为企业ESG绩效评价的蓬勃发展提供了支撑，促进了企业非财务信息的披露，有效缓解了信息不对称的问题，使得利益相关方能够对企业的盈利能力、社会风险等作出更加充分、准确的判断。

2.3 本章小结

本章主要探讨了商业银行ESG及效率的基本内涵，并阐述了相关理论。ESG既是一种追求长期价值增长的投资理念，也是一种全面、具体、科学的治理方式。作为衡量企业可持续发展的非财务关键性指标，ESG能够清晰地界定企业社会责任的具体内涵和要求，准确地反映和衡量企业在经济、社会、环境方面的综合价值及可持续发展能力。

商业银行效率分为狭义和广义两种。银行效率是指银行合理分配投入以期获得最佳产出的能力，它体现了银行在经营成本和收入、资产质量和风险控制、创新能力和竞争优势等方面的平衡能力。本书认为，银行利润效率是指在确定的产出与投入价格下所能获得的最大利润，它既能评估效率，也能评估潜在利润，更能预测整体绩效。

银行ESG内涵和效率的界定为探究商业银行ESG表现与效率的关系提供了理论基础，有助于深入理解商业银行在经济社会中的角色和责任。

3

我国商业银行ESG评价

3.1 国内外ESG评价体系构建现状

3.1.1 国外ESG评价体系构建现状

国外ESG评价体系的提出与发展均早于我国，其发展体系也较为完善，覆盖对象范围较广。当前，比较常用的ESG评价体系来自明晟、KLD研究分析公司、路孚特、卡尔弗特、道琼斯、富时罗素等公司，它们各自都有一套独立的计算和衡量ESG标准的方法。其评价内容涉及环境可持续性、合规程度、利益相关方、风险管理等方面，但各评价机构的侧重点不同。例如，明晟以全面评价为主，富时罗素将企业绿色收入占比纳入ESG评价，晨星以ESG风险评价取代全面ESG评价。

1）明晟

明晟（Morgan Stanley Capital International，MSCI）是一家美国指数编制公司，于1986年由Morgan Stanley出资成立，其总部设在纽约。MSCI拥有一系列的指数，ESG评价指数就是其中一部分。其发布的MSCI指数在全球范围内深受投资者喜爱，并经常被当作投资基准。

MSCI针对环境、社会责任、公司治理等方面的议题进行度量与评价，在选取的指标当中，传统的公司规模、行业、月交易额也是其考量因素。MSCI构建的ESG评价体系为评估、执行和汇报各项指标建立了一个框架，突出公司的业务活动和差异，最后形成一个自下而上的结构指标。

2）KLD研究分析公司

KLD研究分析公司（KLD Research & Analytics，Inc.）于1988年

在美国波士顿成立，致力于通过影响企业行为来推动可持续发展。KLD通过企业自身的信息披露等途径，收集不同的行业数据，对公司或投资组合的环境政策、社会责任和治理结构进行定量和定性分析。2009年，KLD被明晟收购。

3）路孚特

路孚特（ASSET4）是高盛（Goldman Sachs）与美林（Merrill Group）在2003年联合建立的ESG评级系统。ASSET4系统是从企业网站、财务报告、全球新闻中收集可供公众使用的有关环境、社会、公司治理等多个维度的资料。

目前，ASSET4数据库中有超过2 600家大型企业的数据，每个企业都有900个数据点。这些数据点包括约250项主要业绩指标，这些指标被划分为18个分类和4个支柱（经济、环境、社会、公司治理）。金融、环境、执行管理、公司治理、社会学、风险管理等领域的专家在这些数据的基础上，进行联合测试，确保了评价体系的可靠性。该评价体系得到了高盛、美林、富达、法国巴黎银行等客户的高度认可，并经过了瑞士理工学院、国际管理发展研究所和哥本哈根商学院的多位专业人士的检验。

4）卡尔弗特

卡尔弗特研究与管理公司（Calvert Research and Management，Calvert）起源于卡尔弗特投资公司（Calvert Investments），是一家隶属于摩根士丹利资产管理部门的投资管理公司。该公司于1982年推出了Calvert社会投资基金，创造了美国首批将ESG标准纳入投资选择过程的基金。

Calvert通过分析包括内部研究、第三方供应商、科学和学术研究、行业信息和公司报告在内的数千个数据点来评估公司的ESG表现，具体的评级方法分为如下4个步骤：

（1）根据共享的、具有财务重大性的ESG风险，将分类细化为自定义的对等组。

（2）制定投资论点，以识别公司投资期限内新出现的ESG风险和机会。

（3）使用选定的关键绩效指标（KPI）建立结构模型，评估财务重大ESG问题的绩效。

（4）从公司层面、行业层面和执行水平的角度，结合三个重大风险的分析，确定每个发行人的整体ESG评级。

5）道琼斯

道琼斯可持续发展指数（Dow Jones Sustainability Indexes，DJSI）创建于1999年，由SAM与道琼斯指数共同创建，以公司长期经济效益、社会责任和环境资产管理计划为依据，从RobecoSAM的年度调查表、文档中获取信息，对公司展开ESG绩效评估。

DJSI是世界上使用最久的可持续发展指数，并坚持每年进行改进和修正，当前已成为投资者、企业等在可持续发展方面参考的重要指标。

6）富时罗素

富时罗素社会责任指数（FTSE4Good）由富时集团创立，在环境、社会和公司治理方面，以ESG投资者的一系列基准和可交易指数为对象衡量企业表现。由于公司治理结构的透明化以及明确的ESG标准，FTSE4Good指数被频繁地用于建立和评价可持续发展的投资产品。

FTSE4Good建立了东盟5指数、最小方差指数、大马交易指数等一系列评估指标。FTSE4Good东盟5指数从环境、社会和公司治理三个维度进行评价；FTSE4Good最小方差指数通常基于历史汇报信息来降低指数的波动性，从而改善公司的风险回报率；而FTSE4Good大马交易指数是基于ESG表现来甄别那些有较好的社会责任绩效的企业。

3.1.2 国内ESG评分体系构建现状

国内影响力较大的ESG评价机构有万得、华证、商道融绿、盟浪、价值在线、评安国蕴等。整体来看，国内的评级机构所使用的评价资料主要来源于公司年报、公司社会责任报告、媒体报道、监管部门公告等公开数据。从评估对象来看，国内ESG评价机构主要以A股上市公司为评估对象，涉及部分港股上市公司。从评价体系来看，国内的ESG评价体系在指标选取、方法设计上都更符合我国国情。

对比来看，国外ESG评价体系发展程度较高，数据来源广泛且具有较强的客观性，信息披露制度更完善，且评价主体面向全球，更具普适性。国内ESG评价体系则主要面向国内上市企业，指标设计具有中国特色，但目前仍依赖于企业的自主披露——偏重于宣传自身的业绩以及环保、社会责任成绩，对一些负面指标鲜少涉及。

近年来，随着国家对于双碳目标的持续推进，各类机构愈发重视ESG评级工具，积极研发。截至2022年12月，国内已有上百家机构参与ESG评级，包括指标供应商、金融科技公司、资管机构、自律组织、咨询机构等。尽管如此，我国ESG评价体系目前仍处于探索阶段，尚未形成统一标准，呈现多元发展格局，各具特点。

1）中证

中证ESG指数开发在国内处于领先地位，覆盖A股和港股上市公司，包括3个维度、14个主题、22个单元和180余个指标。

（1）评价体系

中证ESG评价体系包括环境（E）、社会（S）和公司治理（G）三个维度。

环境（E）维度反映企业在生产经营过程中对环境的影响，共设置5个主题，分别为气候变化、污染与废物、自然资源、环境管理和环境机遇。其中，气候变化、污染与废物、自然资源主题从环境产出与投入方面反映排放和消耗的情况，环境管理和环境机遇反映企业环境风险管理能力和环境发展机遇。

社会（S）维度反映企业对利益相关方的管理以及企业社会责任方面的管理绩效和声誉提升，共设置3个主题，分别为利益相关方、责任管理和社会机遇。其中，利益相关方主题反映企业在员工、供应链、客户与消费者方面面临的风险，责任管理和社会机遇反映企业履行社会责任和对社会的积极贡献带来的发展机遇。

公司治理（G）维度反映公司通过内部和外部机制来保证决策科学化、维护公司可持续运营以及保障公司各方利益合理安排的能力，揭示公司可能面临的治理风险，共设置6个主题，分别为股东治理、治理结构、管理层、信息披露、公司治理异常和管理运营。其中，股东治理、治理结构、管理层主题反映企业内部治理情况，信息披露、公司治理异常主题反映企业外部治理情况，管理运营主题反映企业的治理绩效。

（2）中证ESG评价方法

中证ESG评价遵循自下而上的方法，由指标开始，依次计算出单元、主题、维度和ESG总分。单元得分根据所对应的指标进行计算。其中，风险类单元依据对应的风险暴露与风险管理指标计算，机遇类单元依据对应的机遇暴露与机遇管理指标计算。

在完成单元分数计算后，主题、维度和ESG总分则由下一层级的分数加权合成，加权权重需综合考虑上市公司所处行业的特征与指标数据质量而确定。具体计算如下：

$$\text{主题分数} = \sum_{i=1}^{n} \text{该主题下单元分数}_i \times \text{单元权重} W_i$$

$$\text{维度分数} = \sum_{j=1}^{m} \text{该维度下主题分数}_j \times \text{主题权重} W_j$$

$$\text{ESG总分} = \sum_{p=1}^{q} \text{不同行业的维度分数}_p \times \text{维度权重} W_p$$

中证ESG评价总分，以及环境（E）、社会（S）、公司治理（G）维度分数由高到低分为十档，依次为AAA、AA、A、BBB、BB、B、CCC、CC、C、D，分数档越高代表公司ESG表现越好。

（3）中证ESG评价的信息来源

中证指数有限公司依据最新公开披露信息、评价体系与评级方法，对评价按月进行更新。当公司发生重大环境污染、重大危害公共安全及重大财务造假等严重ESG风险事件时，中证指数有限公司对中证ESG评价进行及时更新。

中证ESG评价指数信息来源于4个途径：①上市公司年报、季报和不定期报告、社会责任报告以及其他上市公司披露的信息；②产业规划、认证、处罚、监管评价等政府机构发布的公开信息；③新闻舆论、事件调查等权威媒体发布的信息；④上市公司绿色收入、隐含违约率等中证指数有限公司的特色信息。

2）华证

华证ESG评价体系充分借鉴了国际ESG核心要义，结合我国信息披露情况和公司特点，对上市公司的环境、社会和公司治理等方面自上而下地构建评价体系，并对公司的ESG整体表现进行综合评价和排名。

（1）评价体系

华证ESG评价指标体系包括一级支柱指标3个、二级主题指标16个、三级议题指标44个、四级底层指标近80个，以及底层数据指标

300多个，集成语义分析、NLP等智能算法构建ESG大数据平台，覆盖全部A股上市公司和具有投资性的港股上市公司（港股市值覆盖率达95%），具体见表3-1。

表3-1　　　　　　　　**华证ESG评级体系指标框架**

3大支柱	16个主题	44个关键指标
环境（E）	气候变化	温室气体排放，碳减排路线，应对气候变化，海绵城市，绿色金融
	资源利用	土地利用及生物多样性，水资源消耗，材料消耗
	环境污染	工业排放，有害垃圾，电子垃圾
	环境友好	可再生能源，绿色建筑，绿色工厂
	环境管理	可持续认证，供应链管理，环保处罚
社会（S）	人力资本	员工健康与安全，员工激励和发展，员工关系
	产品责任	品质认证，召回，投诉
	供应链	供应商风险和管理，供应链关系
	社会贡献	普惠，社区投资，就业，科技创新
公司治理（G）	数据安全与隐私	数据安全与隐私
	股东权益	股东权益保护
	治理结构	ESG治理，风险控制，董事会结构，管理层稳定性
	信披质量	ESG外部鉴证，信息披露可信度
	治理风险	大股东行为，偿债能力，法律诉讼，税收透明度
	外部处分	外部处分
	商业道德	商业道德，反贪污和贿赂

资料来源：作者根据上海华证指数信息服务有限公司官网数据整理。

（2）评价方法

华证ESG评级方法主要包含以下几个步骤：

① 指标体系构建：根据国内外相关的ESG标准和指南，选择适合中国市场的ESG指标，构建评价体系，具体指标包括环境指标（能源消耗、排放量等）、社会指标（员工培训、公益投资等）和公司治理指标（董事会结构、内部控制等）。

② 数据收集和清洗：首先，华证从官方数据源，如公司的环境和社会责任报告、财务报告，以及第三方数据厂商的行业分析报告等多方面收集、筛选出相关有用数据；其次，对所收集到的数据进行清洗和处理，以保证数据的完整性、可靠性和准确性，从而消除数据中的噪声和异常情况。

③ 加权确定和表现评价：首先，华证通过专家赋权的方法根据指标的重要性给予指标不同的权重；其次，通过加权计算，综合评价公司在ESG领域的整体表现；最后，根据评价体系和加权计算，对上市公司进行ESG评级和排名。评级分为五个等级，从高到低依次为AAA、AA、A、BBB、BB，各个等级的评价标准会根据市场的实际情况进行调整。

3）中债

中债估值中心主要针对国内债券市场约5 000家公募信用债发行主体自上而下地构建ESG评价体系。其中，上市公司的占比较低，仅为13%。

（1）评价体系

中债ESG评价体系主要包括环境（E）、社会（S）、治理（G）三个评价分项、14个评价维度、39个评价因素、160余个具体计算指标，具体见表3-2。

表 3-2　　中债 ESG 评级体系指标框架

评价分项	评价维度	评价因素
环境绩效	环境管理	绿色战略与规划、环境管理要求、环境信用
	绿色发展	环保投入、绿色主营
	资源利用	能源利用、水资源利用
	污染防治	废水污染防治、废气污染防治、固体废弃物处理
	生态保护	土地保护与修复
社会责任	员工	基本权益保障、职业福利、职业成长、利益保护
	供应商和客户	产品持续性、质量保障、售后服务、客户隐私保护
	投资人	债券发行文件中投资者保护条款：事件类条款 债券发行文件中投资者保护条款：限制类条款
	社区与社会贡献	捐赠与投资、就业与纳税、重大技术研发、响应政策
公司治理	股东权益保护	股东权益保护机制
		股东决策效率
	董监高治理能力	人员素质
		制衡机制
		董监高内部独立性
		董监高外部独立性
		董监高构成合理性及稳定性
	激励机制	激励水平、激励形式
	信息披露	及时性、可靠性、完备性
	管理规范性	诉讼或仲裁、经营风险

资料来源：作者根据中债 ESG 官网数据整理。

（2）评价方法

为了保证评价的客观性和可比性，中债 ESG 遵循定量原则进行指标赋值和权重设定。具体步骤如下：

①进行缺失值处理。由于国内尚未建立债券发行人环境绩效、社会责任、公司治理信息的披露制度，指标存在大量数据缺失。因此在评价过程中需根据指标与ESG评价的关系，采用统计方法对数据中的缺失值进行补空。

②对指标进行赋值。根据文献研究、实践经验和清洁生产标准等国家政策文件设定各个指标的理论基准水平，对指标进行标准化处理并赋值。

③设定指标权重。在理论分析的基础上，以均衡原则设置各指标权重，并根据各指标对ESG评价的影响程度、指标反映信息的有效性和数据可得性进行调整。

④加权求和得到总分。根据指标体系自下而上地计算加权，得到环境（E）、社会（S）、治理（G）分项得分以及ESG综合得分。

4）商道融绿

商道融绿建立了全面的ESG评级框架，由ESG主动管理总得分和ESG风险暴露总得分相加构成。商道融绿在每个评级周期（年）对评估对象在环境、社会和公司治理三个维度的管理水平和风险暴露程度进行评估。商道融绿的ESG评级框架包括14个核心议题，ESG分析团队通过对近700个数据点进行数据采集后，对近200个ESG指标进行打分。商道融绿共设立了51个行业模型，各模型包括该行业的ESG指标和指标权重。通过行业模型，商道融绿最终得到每家公司的ESG得分（0~100）及ESG评级（A+~D，共10个等级）。

（1）行业实质性议题分析

商道融绿ESG研究团队根据各个行业的特点及重点利益相关方的关注问题，总结了一系列ESG议题。结合国际标准以及中国的环境、社会及经济发展现状，商道融绿ESG评级体系挖掘出影响中国公司运营的14项ESG议题，其中包括环境议题5项、社会议题6项、治理议题3项，详见表3-3。

表3-3　商道融绿ESG评级框架

评级结果	ESG评级（A+～D）		
	ESG评级得分（0～100）		
	ESG主动管理、ESG风险暴露		
	环境（E）	社会（S）	公司治理（G）
	环境管理、环境风险	社会管理、社会风险	治理管理、治理风险
实质性议题	环境政策 能源与资源消耗 污染物排放 应对气候变化 生物多样性	员工发展 供应链管理 客户权益 产品管理 数据安全 社区	治理结构 商业道德 合规管理
指标表现	51个行业模型		
	200多个ESG指标，涵盖通用指标和行业指标		
底层数据	700多个ESG数据点		
	披露数据、监管数据、媒体数据、宏观数据、地理数据、卫星数据		

资料来源：作者根据商道融绿官网数据整理。

（2）ESG指标选取

商道融绿在确定ESG评估指标时，重点关注4个方面的影响因素：最大限度地涵盖有代表性、可收集、重要的ESG指标；符合国际惯例和中国实际的实质性ESG指标；投资者关注事项；行业特点。

根据以上因素，商道融绿ESG研究团队首先开发出ESG指标长清单，再根据聚类分析确定各ESG议题下的指标构成。ESG评估指标分为通用指标和行业指标。对于所有行业都需要评估通用指标，对部分行业需进行行业指标评估，最终形成具有行业特征的ESG指标体系，具体见图3-1和表3-4。

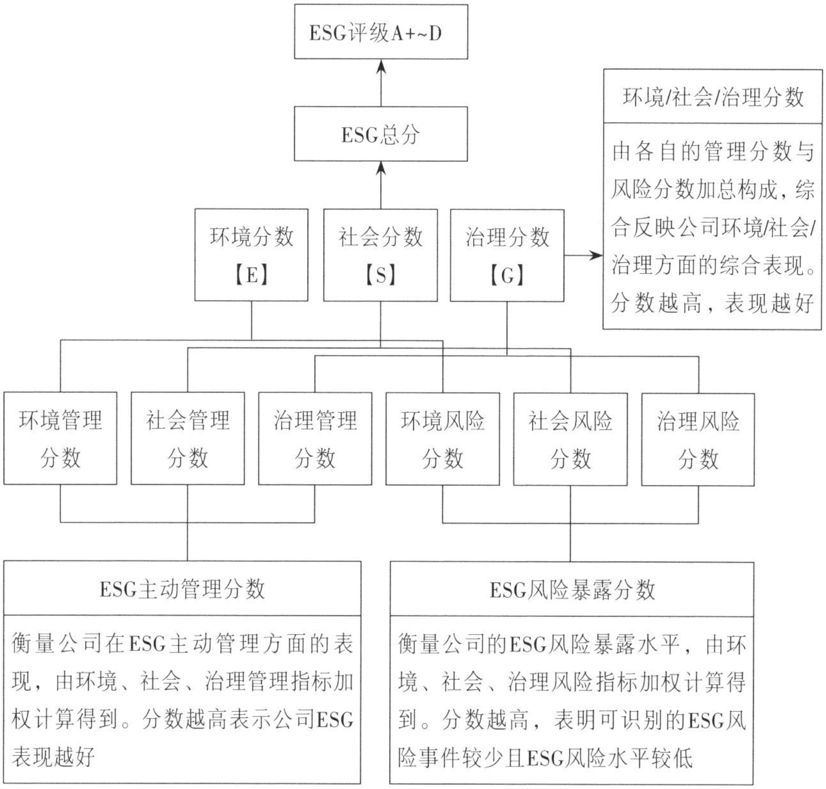

图3-1　商道融绿ESG评级分数的构成

表3-4　　**商道融绿ESG指标体系示例**

维度	ESG议题		ESG通用指标示例	ESG行业指标示例	
				采矿业	农林牧渔
环境（E）	E1	环境政策	环境管理体系、环境管理目标、节能和节水政策、绿色采购政策	采区回采	可持续农（渔）业
	E2	能源与资源消耗	能源消耗、节能、节水、能源使用监控等	—	—

续表

维度	ESG议题		ESG通用指标示例	ESG行业指标示例	
				采矿业	农林牧渔
环境（E）	E3	污染物排放	污水排放、废气排放、固体废弃物排放等	废弃物综合利用率	污染物排放监控
	E4	应对气候变化	温室气体排放、碳强度、气候变化管理体系等	—	—
	E5	生物多样性	生物多样性保护目标与措施等	生态恢复措施	珍稀动物使用
社会（S）	S1	员工发展	员工发展、劳动安全、员工权益等	职业健康安全管理体系	职业健康安全管理体系
	S2	供应链管理	供应链责任管理、供应链监督体系等	—	—
	S3	客户权益	客户关系管理、客户信息保密等	—	可持续消费
	S4	产品管理	质量管理体系认证、产品/服务质量管理等	—	—
	S5	数据安全	数据安全管理政策等	—	—
	S6	社区	促进社区就业、捐赠等	社区健康与安全	社区沟通
公司治理（G）	G1	治理结构	信息披露、董事会独立性、高管薪酬、审计独立性等	—	—
	G2	商业道德	反腐败与贿赂、举报制度、纳税透明度等	—	—
	G3	合规管理	合规管理、风险管理等	—	—

资料来源：作者根据商道融绿官网数据整理。

（3）ESG风险暴露评估

商道融绿ESG风险暴露评估的对象是已发生或潜在的ESG风险对企业价值的影响程度。商道融绿从行业基准风险敞口与企业个体风险敞口两个维度进行评估。相同行业内的企业面临的ESG议题风险敞口具有相似性，而不同行业之间则存在很大差异。在同一行业中，企业间ESG风险的差异也反映了企业价值受损程度偏离行业的平均水平。

商道融绿ESG评估主要步骤如下：①收集ESG风险事件数据并对每项事件进行风险级别评估；②确定行业ESG基准风险；③确定企业ESG风险调整乘数（Beta）；④根据ESG风险事件，以及行业基准风险和Beta乘数，对ESG风险指标进行评估打分，然后加权计算获得企业ESG风险暴露分数。

（4）ESG评级结果

商道融绿对全部样本上市公司的ESG评级分数进行聚类分析进而得到ESG评级，从A+到D共为九级，分类级别及其含义见表3-5。

表3-5　　**商道融绿的ESG分类级别及含义**

级别	描述
A+、A	企业具有优秀的ESG综合管理水平，过去3年几乎未出现ESG风险事件，或仅出现个别轻微风险事件，总体表现稳健
B+	企业ESG综合管理水平良好，过去3年出现过少数有轻微影响的ESG风险事件，ESG风险较低
B、B-、C+	企业ESG综合管理水平一般，过去3年出现过一些有中等影响的ESG风险事件，或少数较严重的风险事件，尚未构成系统性ESG风险
C、C-	企业ESG综合管理水平薄弱，过去3年出现过较多中等影响的ESG风险事件，或一些较严重的风险事件，ESG风险较高
D	企业近期出现了重大的ESG风险事件，对企业有重大的负面影响，已暴露出很高的ESG风险

资料来源：作者根据商道融绿官网数据整理。

5）社会价值投资联盟

社会价值投资联盟是国内最早推动公司可持续发展价值评估和应用的先行者，其评价体系实行“先筛后评”的机制，由“筛选子模型”和“评分子模型”两部分构成。“筛选子模型”是社会价值评估的负面清单，从产业问题、财务问题、重大负面事件、违法违规、特殊处理五个方面选取17个指标，对评估对象进行“是与非”的判断。

如评估对象符合任何一个指标，即被判定为资质不符，无法进入下一个量化评分环节。在“筛选子模型”遴选出符合资质的上市公司后，“评分子模型”对其社会价值贡献进行量化评分。“评分子模型”分为通用版、金融专用版和地产专用版，包括目标、方式和效益3个一级指标，价值驱动、战略驱动、业务驱动、技术创新、模式创新、管理创新、经济贡献、社会贡献、环境贡献等9个二级指标，以及27个三级指标和55个四级指标。

3.1.3 我国商业银行ESG评级体系存在的问题

现有评级体系下的ESG评级结果存在一定差异。根据MIT斯隆管理学院的*Aggregate Confusion: The Divergence of ESG Ratings*的统计，在同样标的样本下，6家主流ESG评级机构的评级体系MSCI、RobecoSAM、Vigeo Eiris、Sustainalytics、Asset4、KLD的ESG评级结果相关系数较低，平均值仅为0.5。

无论是指数编制机构还是自律组织发布的ESG评级结果，均存在一系列问题有待解决，尤其是在原始数据的质量、抓取方式、更新频率等方面，具体体现在以下六个方面：

1）ESG评级的原始数据间存在较大差异

ESG评级的原始数据样本的多维度属性，如具体措辞表述、测量角度、数据单位等形式属性，以及平均值、标准差、极值等统计属性具有很大差异。

ESG评级机构一般从企业每年披露的可持续发展报告或者ESG报告中收集原始ESG数据，但不同企业的相关披露数据的一致性很低。以社会责任（S）中的“员工健康和安全”议题为例，在企业的可持续发展报告中，描述“员工健康和安全”议题的指标如下：损失时间（频率）、损失时间（每百人、每五千人、每二十万人事故率）、导致时间损失的损伤、意外事故率、需要休假的意外事故、因损伤导致的天数损失、因意外事故导致的财务损失、导致超过一天损失的损伤、损伤率、损失天数率、职业性生病或损伤导致的少于61天的时间损失、损失时间（严重事故率）、意外事故数量、未造成时间损失的意外事故数量、损失工作天数、发生严重意外事故的数量、每二十万小时工作的损伤率、由工作相关损伤造成的工作天数减少、被申领的时间损失、损失时间、职业性疾病的事故数量、职业性生病率、职业性疾病率。

面对如此多样的描述形式，很难确定哪一种描述在“劳工健康和安全”这个议题中是衡量企业表现程度的最优指标。而且，这些描述的单位也不尽相同，包括无单位、比率、百分比等不同形式。最重要的是，不同指标的统计分布特征（平均值、标准差、极值等）差异明显，这使得该指标的比较和数据整合十分困难。

2）参照基准选择随意性强

评级结果的差异追根溯源是由标准多样性所导致的。对于企业来说，可以依据GRI、SASB、ISO26000、TCFD等标准披露信息，也可以选择其认为更重要的议题对社会责任进行披露。对于评级机构来说，即使两个评级机构选择同一个角度衡量企业社会责任，其构建的指标评价体系也可能迥异，可以选择将所有企业放在统一的参照基准下评价，也可以依据行业特征将企业进行分类，设立多个平行的参照基准。

此外，各评级机构的指标选取角度和聚合规则也可能完全不同。面对众多企业提供的不同指标，各家ESG评级机构的处理方法差异较大，其不一致性最终会导致结果出现偏差。

3）指标体系缺乏本土化特征

ESG指标体系缺乏本土化特征，国外ESG评级体系并未“入乡随俗”。2018年5月，A股被正式纳入MSCI全球指数与新兴市场指数；2019年年底，富时罗素增加对中国A股的覆盖范围，各类评级机构在评价中国企业的时候，仍沿用其原有的评级体系。以上评级机构都忽略了我国精准扶贫、乡村振兴、党的建设、反腐败等方面的议题。

4）指标体系不具备银行业行业特征

虽然各评级机构使用了统一的参照基准以确保打分结果的可比性，但打分结果不可避免地会产生行业性偏差。以环境议题为例，油气行业的表现会天然地低于商业银行的表现。

目前大部分ESG评级体系的方法论中尚未提及单个行业的ESG评级方法，以路孚特和华证ESG为例，它们公开的方法论中仅使用一套评级体系。很明显，由于行业间存在巨大差异，故需要不同的、全新的评价指标对各行业进行区分。例如，高耗能行业需要更多绿色转型方面的指标来衡量，而对互联网企业可能要新增用户隐私、数据安全等指标。目前已有评级机构注意到此问题，MSCIESG的方法论已明确提出未来将构建具有行业特征的评价指标和聚合规则。

5）ESG评级结果具有滞后性

受限于企业可持续发展报告、ESG报告等信息的披露频率较低（一般一年更新两次，但大部分ESG评级数据都是按季度更新，其中更新频率最高的为中证ESG评级，按月度进行更新），故在没有触发特定事件的情况下，ESG评级数据会存在2~3个月的滞后期，削弱了ESG评级结果对投资的参考作用和有效性。

6）ESG评级结果存在一定的偏误

由于原始数据可能存在缺失，因此评级结果会存在一定的偏离度。考虑到部分企业的ESG相关数据披露程度较低，ESG评级机构在数据处理的过程中不得不使用大量的替换值进行填充，而替换值拟合结果的准确度对模型设定的依赖度较强，需要不断地调试和优化。因此，各家ESG评级机构对缺失值的处理仍然有待考察和优化。

综上所述，要构建符合中国特色的商业银行专属的ESG评价指标体系，需要考虑两大要点：一是必须深刻地学习借鉴现有估值理论体系；二是必须有宽广的包容精神，考虑中国特有的元素对估值理论体系的影响，体现中国制度、中国视野、中国元素的价值。

3.2 我国商业银行ESG评价指标体系构建

3.2.1 商业银行ESG评价原则

1）科学性原则

ESG评价需要一套科学合理、便于操作并行之有效的综合评价指标体系。评价体系的构建要遵循科学理论，评价指标的选择既要考虑体系的完整性，又要保证指标的代表性，即每一个指标的确定都要考虑其指标在整个指标体系中的地位和作用。

企业ESG评价标准要符合其他国际标准和框架，如联合国可持续发展目标（Sustainable Development Goals，SDGs）、全球报告倡议组织（Global Reporting Initiative，GRI）、国际综合报告理事会（The International Integrated Reporting Council，IIRC）和可持续发展会计准则（Sustainability Accounting Standards Board，SASB），以确保指标的准确性、一致性和可比性。

2）系统性原则

ESG评价是一项内容丰富、议题多元的系统工作。因此，企业的ESG评价指标既要反映企业ESG的管理情况，又要反映企业ESG取得的绩效，同时还要反映企业适应未来趋势的能力。系统性原则要求各个具体指标在其涵义、口径范围、计算方法、计算时间和空间范围等方面要相互衔接和协调。

3）完整性原则

ESG评级是一个丰富多元的评级体系，因此应尽可能地反映企业本身和利益相关方的情况，主要指标应尽可能地覆盖并呈现企业的ESG发展情况。2013年7月，原银监会出台《商业银行公司治理指引》，明确商业银行的经济、社会与环境责任应当包含的具体内容，完善商业银行公司治理，促进商业银行稳健经营和健康发展。

4）实用性原则

构建企业ESG评价体系的基本目的是要把企业的ESG水平和能力变为可以度量、计算、比较的数据，为制定行业ESG规划及开展行业分析提供定量化的依据。因此，在构建ESG指标体系时，要注意指标实际反映的内涵应真实体现企业的ESG水平和能力。

ESG评价涉及企业的各个部门、多个方面，相关指标数据的采集、计算和可比性情况各不相同，因此，在构建指标体系时应注意指标的可获得性和可比较性。

3.2.2 商业银行ESG评价指标体系框架

本书将ESG评价指标体系的构建分为三层。第一层为目标层，即ESG综合指标；第二层为准则层，包括环境保护（E）、社会责任（S）和公司治理（G）三个维度；第三层为指标层，将第二层的三个维度进一步细化、分解和描述，是ESG评价时所使用的具体指标，每个指标都有明确的物理意义。

本书对ESG评价指标体系的构建以MSCI、富时罗素等国际知名ESG评级机构公布的ESG评级报告为基础，进行了一定的本土化处理，最终选取关于环境、社会责任以及公司治理的部分代表性指标，见表3-6。值得一提的是，本书将反腐败、反洗钱、乡村振兴等责任金融方面的议题纳入银行ESG评价体系当中。

表3-6 **我国商业银行ESG指标体系构成**

目标层	准则层	指标层	方向性
ESG	E	绿色信贷余额	正向
		绿色金融产品创新	正向
		责任荣誉	正向
		绿色运营	正向
	S	对外捐赠	正向
		小微企业贷款余额	正向
		员工总人数	正向
		女性员工比例	正向
		反歧视政策	正向
		反洗钱情况	正向

续表

目标层	准则层	指标层	方向性
ESG	S	乡村振兴	正向
		客户隐私和数据安全	正向
	G	资本充足率	正向
		净资产收益率	正向
		不良贷款率	反向
		独立董事占比	正向
		投资者关系管理	正向
		信息披露状况	正向
		报告可信度	正向
		反腐败反贿赂政策	正向

3.2.3 商业银行ESG评价指标的内涵

1）环境维度

绿色金融是指为建设绿色社会，面向全社会主体提供的一种金融服务，是对环保、节能、清洁能源、绿色交通、绿色建筑等领域的项目投融资、项目运营、风险管理等所提供的金融服务。

发展绿色金融可以有效激励更多的社会资源流向绿色产业，推动绿色产业高速发展，同时有效抑制污染性企业的投融资活动，减少环境污染。这不仅有利于我国加快经济绿色转型，对生态文明建设起到更大的支撑作用，还有利于促进我国大中小企业在环保、新能源等领域的技术提升，加快我国新兴经济势力的增长，更好地发掘有成长潜力的企业。

（1）绿色信贷余额

绿色信贷是绿色金融的重要来源，2007年7月发布的《关于落实环境保护政策法规防范信贷风险的意见》提出银行必须在借贷和投资策略中加入衡量环境问题的标准。

绿色信贷是商业银行等金融机构依据国家的环境经济政策和产业政策实施的一种金融政策手段。绿色信贷通过金融杠杆实现环保调控：

①建立环境准入门槛。对限制和淘汰类新建项目，不得提供信贷支持；对于淘汰类项目，应停止各类形式的新增授信支持，并采取措施收回已发放的贷款，从源头上切断高耗能、高污染行业无序发展和盲目扩张的经济命脉，有效切断严重违法者的资金链条，遏制其投资冲动，解决环境问题。

②提出优惠利率。对污染生产企业进行额度限制并实施惩罚性的高利率，而对那些有助于绿色环境发展的企业或机构提供贷款扶持并实施优惠性的低利率，有意识地引导企业主体保护生态环境、维持生态平衡、减少环境污染并节约自然资源。

③优化产业结构。通过绿色贷款，信贷资金向基础设施、绿色交通、环保、水资源处理、风电项目、清洁能源等绿色产业倾斜，有效遏制高耗能、高污染产业的盲目扩张，转变过度依赖资源、消耗资源的经济发展模式。

绿色信贷余额反映商业银行的绿色贷款规模，体现商业银行的绿色发展理念和绿色金融服务水平和质效。绿色信贷余额越高，表明商业银行对绿色金融给予专项支持的力度越大。

表3-7为我国部分上市银行2023年绿色信贷余额统计表，从中可以看出，国有大型银行继续发挥“头雁”作用，绿色信贷余额保持快速增长。截至2023年年末，国有六大行绿色信贷规模达17.90万亿

元，占据国内绿色信贷的半壁江山。各种类型的商业银行也都积极响应绿色金融政策要求，发放绿色信贷，2023年各家股份制银行的绿色信贷余额一直保持着大于26%的增速。

表3-7　　2023年我国部分上市银行绿色信贷余额统计

银行名称	绿色信贷余额（万亿元）	绿色贷款占本行贷款余额比例	同比增速
中国工商银行	5.40	20.70%	35.00%
中国农业银行	4.05	17.95%	50.10%
中国建设银行	3.88	16.81%	41.19%
中国银行	3.11	15.63%	56.34%
交通银行	0.82	10.55%	29.37%
中国邮政储蓄银行	0.64	8.14%	28.46%
兴业银行	0.81	14.86%	26.99%
中信银行	0.46	8.37%	37.40%
招商银行	0.45	6.88%	26.00%
中国光大银行	0.31	8.29%	57.44%
中国民生银行	0.26	6.03%	46.87%
江苏银行	0.29	15.93%	42.50%
北京银行	0.16	7.76%	41.47%
上海银行	0.10	7.48%	58.12%
杭州银行	0.07	8.45%	26.22%
重庆银行	0.04	9.25%	30.56%

数据来源：各银行2023年年度报告、可持续发展报告或社会责任报告。

（2）绿色金融产品创新

开展绿色金融服务对商业银行来说既是机遇也是挑战，商业银行只有在进行有效的风险管理的前提下研究绿色金融产品和工具，加快创新步伐，统筹推进能源和产业结构调整，才能开创新的业务增长点和提升市场竞争力。

当前，绿色信贷、绿色债券、绿色保险、绿色基金、绿色租赁、绿色信托、绿色票据、碳金融产品、绿色股权投资、绿色资产证券化等常见的绿色金融产品已经成为银行支持绿色产业的重要工具。绿色金融产品创新改变了传统信贷模式，为传统行业，尤其是面临低碳转型挑战的行业，提供了融资新途径。

（3）责任荣誉

社会责任是指商业银行在经营过程中，不仅要追求经济效益，还要承担起对社会、环境和利益相关者的责任。在现代社会中，社会责任已经成为商业银行发展的重要组成部分，也是商业银行获得社会认可和信任的重要途径。

随着社会对商业银行社会责任的重视程度不断提高，越来越多的商业银行开始注重社会责任的履行，并通过各种途径获得了相应的荣誉。这些荣誉不仅是商业银行社会责任履行的证明，也是商业银行品牌形象的重要体现，能够提高商业银行的社会形象和品牌价值，促进商业银行实现可持续发展。

（4）绿色运营

绿色环保和生态经济理念逐渐深入人心，对商业银行的经营理念和经营模式也产生了重大影响。注重环保、崇尚绿色经营对商业银行而言，已经只是支出和投入，也不再是与商业银行利润相对立的经济负担，而是商业银行新的财富源泉。树立绿色经营理念、采用绿色经营模式，已经成为商业银行增加盈利、获得成长的必然选择。

商业银行为适应社会经济可持续发展的要求，把节约资源、保护和改善生态环境、有益于消费者和公众身心健康的理念，贯穿于经营管理的全过程和各个方面，以实现可持续增长，达到经济效益、社会效益和环保效益的有机统一。

资源循环利用是企业绿色运营的重要方式，通过有效的资源回收和再利用，可以减少资源的浪费和开采，减少对自然资源的消耗和破坏，实现资源的可持续利用。商业银行可以通过推行节约型、数字化办公，减少纸张、水电等办公用品和公共资源的浪费，提高资源利用效率。

2）社会维度

（1）对外捐赠

对外捐赠是指按照《中华人民共和国公益事业捐赠法》自愿无偿将其有权处分的合法财产赠与合法的受赠人，用于与生产经营活动没有直接关系的公益事业的行为。对外捐赠包括实物资产捐赠、无形资产捐赠和货币性资产捐赠等。

商业银行的对外捐赠不仅是银行表达爱心的形式，更是一种社会责任的体现，弘扬与释放了社会正能量，展现了商业银行心系国家与家乡、勇担社会责任的大爱赤诚和崇高风尚。

（2）小微企业贷款余额

小微企业是国民经济的毛细血管，在促进就业、推动创新、稳定经济增长等方面发挥着重要作用。与其他企业相比，小微企业存在规模较小、财务制度不规范、缺少合格的抵押担保、征信记录不足等问题（Stiglitz and Weiss，1981；王霄和张捷，2003；林毅夫和孙希芳，2005），导致小微企业融资难、融资贵。

小微企业贷款是指符合《中小企业划型标准规定》和《统计上大中小微型企业划分办法》规定的企业为了生产经营的需要，向银行或其他金融机构按照规定利率和期限申请借款。目前，小微企业贷款包括创业贷款、信用贷款、抵押贷款、担保贷款、开票贷、纳税贷、流水贷、融资担保基金贷款、微型企业贷款等类型的贷款产品。

截至2023年年末，普惠型小微企业贷款余额为29.06万亿元，同比增速仅为23.27%，远低于2020年的30.3%[①]；城商行普惠型小微企业贷款余额为3.95万亿元，同比增长19.50%，仅占全部贷款的13.81%[②]，存在供给不足的问题。

针对以上问题，商业银行应建立健全“敢贷愿贷能贷会贷”的长效机制，提高支持普惠业务的积极性。持续提升普惠服务质效是商业银行功能性的重要体现。

（3）员工总人数

员工总人数是人力资源量化体系中最基础、最重要、最广泛应用的指标之一，反映指定期间在职人员的总数。银行员工总人数是指银行在职员工的人数，体现了银行吸纳社会就业的情况。帕金森定律指出，在一家企业当中，被雇佣员工数量的多少，与实际上的工作效率以及工作成果之间没有太大的必然联系。只有当员工自主工作的意识提高时，工作的效率才会随之增长。

（4）女性员工比例

性别平等是当今社会普遍关注的话题之一，也是企业发展中不可忽视的因素。女性员工比例作为反映企业对性别平等重视程度的重要指标，对于企业的形象和声誉有着重要的影响。

---

① 数据来源：国家金融监督管理总局办公厅.关于做好2024年普惠信贷工作的通知［EB/OL］.［2025-03-12］. https://www. gov. cn/zhengce/zhengceku/202403/content_6942238.htm.

② 数据来源：中国银行业协会.中国银行业协会发布《城市商业银行发展报告（2024）》［EB/OL］.［2025-03-12］. https://www. china-cba. net/Index/show/catid/14/id/44101.html.

首先，若企业能提供平等的职业发展和晋升机会，吸引并留住更多的优秀女性员工，将有助于企业增加人才储备，从而为企业的持续发展提供有力支持。其次，男女拥有不同的思维方式和视角，增加女性员工的比例有利于企业获得更广阔的视野和创新思维，提高企业的决策质量和创新能力。最后，在当代社会，性别平等不再只是道德层面的问题，更被社会舆论视作社会进步的标志。女性员工比例越高，越能体现商业银行对待员工的公平与尊重，帮助企业树立良好的形象和声誉。

（5）反歧视政策

反歧视政策是指任何公民都平等地享有就业的权利和资格，不因民族、种族、性别、年龄、文化、宗教信仰、经济能力等而受到限制。反歧视内涵包括了尊重和平等，在应聘某一职位时，任何公民都应被平等地对待，不能以任何原因受到歧视。商业银行的反歧视政策能够体现其公平性。

（6）反洗钱

反洗钱是指为了预防通过各种方式掩饰和隐瞒毒品犯罪、黑社会性质的组织犯罪、恐怖活动犯罪、走私犯罪、贪污贿赂犯罪、破坏金融管理秩序犯罪、金融诈骗犯罪等犯罪所得及其收益的来源和性质的洗钱活动，依照法律规定采取相关措施的行为。

遵循2024年11月第十四届全国人民代表大会常务委员会第十二次会议修订的《中华人民共和国反洗钱法》的规定，商业银行作为金融机构，有义务预防、监控和报告可疑的洗钱活动，具体活动体现为客户身份识别和资料保存、大额和可疑交易报告、禁止与身份不明的客户交易、保密和配合调查义务等。

综上所述，商业银行在反洗钱方面承担着重要的法律义务和责任。为了有效预防和打击洗钱活动，商业银行必须严格遵守相关法律法规，加大反洗钱宣传和培训活动力度，加强内部管理，提高员工的反洗钱意识，确保金融系统和金融消费者的安全和稳定。

（7）乡村振兴

乡村振兴是我国集产业振兴、人才振兴、文化振兴、生态振兴、组织振兴于一体的重大战略决策。实施乡村振兴战略就是要坚持农业农村优先发展，进一步调整理顺工农城乡关系，在要素配置上优先满足，在资源条件上优先保障，在公共服务上优先安排，加快农业农村经济发展，加快补齐农村公共服务、基础设施和信息流通等方面的短板，显著缩小城乡差距。

商业银行作为我国金融市场中最重要的金融机构，可以通过开展三农金融服务、发放涉农贷款等方式为乡村振兴提供资金支持，促进农业现代化发展、助力农村产业融合、改善农民生活水平。此外，开展三农金融服务也是商业银行“功能性第一、营利性第二”的服务目标的具体体现。广泛开展三农金融业务、助力乡村振兴更是商业银行履行社会责任的具体表现。

（8）客户隐私和数据安全

客户隐私是指个人或组织在与商业银行互动时，所涉及的敏感信息和数据，如个人信息、财务信息等。未经授权，任何单位、个人都不允许访问、使用或披露这些数据。保护客户隐私不仅是法律要求，也是维护客户信任和建立商业信誉的重要因素。此外，商业银行除了保护客户隐私外，还应保护自身经营数据不受黑客攻击、病毒感染、操作失误、硬件故障等因素的损害，及时进行数据备份和加密。

保护客户隐私与保障数据安全不仅是商业银行作为金融服务提供者应该履行的义务，更是商业银行承担社会责任、保护金融消费者的重要体现。

3）公司治理维度

（1）资本充足率

资本是商业银行经营活动的基础，发挥着存款保护、风险管理和防御、业务经营和业绩考核的功能。资本监管作为银行监管的重要组成部分，旨在通过资本充足率要求降低银行风险承担动机，进而抑制银行信贷扩张和提高银行稳健性。

国家金融监督管理总局于2023年11月发布《商业银行资本管理办法》（以下简称《资本办法》），校准部分风险暴露的风险权重、优化个别表外业务适用的信用转换系数，并提出差异化资本监管，给出资本充足率（不得低于8%）、核心资本充足率（不得低于6%）、核心一级资本充足率（不得低于5%）和杠杆率（不得低于4%）的监管标准。

资本充足率是衡量商业银行或金融机构在存款人和债权人的资产遭到损失之前，能够以自有资本承担损失的程度的指标，用银行全部资本金相对于其风险加权资产占比来度量。

（2）净资产收益率

净资产收益率也称股东权益报酬率或所有者权益报酬率，是利润净额除以所有者权益平均余额或股东权益平均余额后的比率，这一比率反映所有者权益或股东权益的剩余报酬。净资产收益率越高，说明企业股本运用得越好，企业经营状况越好，盈利能力越好，反之则越差。

（3）不良贷款率

不良贷款率是衡量银行信贷资产安全性的一个重要指标，指一家银行的不良贷款在整个银行贷款中所占的比例。在对银行贷款质量进行评估的时候，按照原银监会在2007年下发的《贷款风险分类指引》，可将贷款按照状态、质量和风险程度划分为正常、关注、次级、可疑和损失五类，后三类被统称为不良贷款。

《商业银行风险监管核心指标（试行）》要求商业银行的不良贷款比率不应高于5%。银行不良贷款比率高，意味着银行放款总额中可能出现的坏账比率较高；银行不良贷款率低，表明银行不能收回的贷款占总贷款的比例较低。

（4）独立董事占比

独立董事指不在上市公司担任董事之外的其他职务，并与公司及其大股东之间不存在可能妨碍其独立作出客观判断的利害关系（尤其是直接或者间接的财产利益关系）的董事。

独立董事占比低意味着公司决策核心主要由股东或高管掌控，公司治理结构不够健全，监管不够独立，可能存在潜在的法律风险。同时，独立董事作为一种重要的内部监管机制，对于保障公司利益、平衡股东权益、规范公司经营行为、提高信息透明度等都有着重要作用。我国商业银行引入独立董事制度，对于构建有效的董事会制衡机制、维护外部投资者的利益具有重要意义。在公司治理结构中，设立独立董事制度旨在防止公司管理者滥用权力而损害股东利益，对公司治理有一定的约束作用。

（5）投资者关系管理

根据《上市公司与投资者关系工作指引》（下文简称《指引》），投资者关系管理指上市公司通过便利股东权利行使、信息披露、互动交流和诉求处理等工作，强化与投资者及潜在投资者的沟通，提高投资者对上市公司的认识和认可程度，从而提升上市公司的治理水平和企业整体价值，达到尊重投资者、回报投资者、保护投资者目的的相关活动。《指引》明确了投资者关系管理的本质是公司和投资者之间的良性互动，而非公司单方面向投资者传播，目的是通过沟通产生双向正反馈效应：首先，投资者可以获得他们所需的信息，对企业有一个更清楚的认识，从而使企业的价值回到一个合理的水平；其次，通过投资者之间的沟通，企业获得了收益并采取了相应的行动，从而提高了企业的管理和运营水平，提升了企业的价值，同时也增加了投资者的收益。

做好投资者关系管理、获得股东的支持，是银行业务发展的基石。商业银行在发展过程中需要各类投资者的资金、资本和资源支持，在进行股权融资、债券融资等重大决策时，只有获得大多数投资者的充分理解和支持，才能推动该事项的顺利实施。

（6）信息披露状况

信息披露主要是指商业银行以招股说明书、上市公告书以及定期报告和临时报告等形式，把银行及与银行相关的信息，向投资者和社会公众公开披露的行为。该指标体系重点考虑商业银行是否发布ESG、CSR或可持续发展报告。

（7）报告可信度

依据2007年7月原银监会发布的《商业银行信息披露办法》，为加强商业银行的市场约束，有效维护存款人和其他客户的合法权益，促进商业银行安全、稳健、高效运行，确保银行报告的可信度，通常情况下，商业银行的年度报告、社会责任报告、ESG报告均由第三方审验，而第三方审验单位的资质反映了报告的可信度。

（8）反腐败反贿赂

商业银行作为经营货币的机构，其从业人员易受到各种金钱利益的引诱，作出违法乱纪的事情，违反行业规定，损害经济稳定。近年来，银行业中的贪污、受贿和私自挪用公款现象并不少见，社会影响恶劣。

随着我国法治化建设的不断完善，清廉的金融文化理念成为银行业持续健康发展的基石。银行从业人员须坚守职业道德，秉持诚实守信的原则，坚决抵制各种形式的腐败与不正之风，共同营造一个风清气正的金融环境，维护国家安全，为社会的繁荣稳定贡献金融行业的力量。

3.3 基于熵权法的我国商业银行ESG评价

3.3.1 指标数据来源

本书以2012—2022年国内商业银行数据为研究样本，由于各商业银行ESG信息披露的起始年份不同，为了兼顾实证研究的数据横向可比性，更加全面、合理地对国内商业银行的ESG发展及综合绩效进行比较，删除了近十年未连续发布《社会责任报告》或《可持续发展报告》或《环境、社会及治理报告》的商业银行，最终选取64家商业银行，其中包括6家国有大型商业银行、11家股份制商业银行、36家城市商业银行、11家农村商业银行。数据以64家商业银行的社会责任报告、可持续发展报告、ESG报告、年度报告及Wind资讯整理而成。

3.3.2 商业银行ESG评价指标权重的确定

1）常见的赋权法比较

常见的客观赋权法包括CRITIC赋权法、独立性权系数法、粗糙集法、变异系数法、均方差法、熵权法等。

CRITIC（Criteria Importance Though Intercriteria Correlation）赋权

法是1995年由学者Diakoulaki提出的，综合考虑了指标值的波动性和冲突性，即其评判指标分别为对比强度和冲突性，能够更加准确、客观地反映所测指标值的性质。其中，指标之间的对比强度用标准差表示，标准差越大意味着指标值波动性越强，权重也因此相应提高；指标之间的冲突性用相关系数衡量，两个指标之间的相关系数值越大，说明两个指标相似性越高，则它们之间的冲突性越低，权重也因此相应降低。

独立性权系数法是根据复相关系数确定权重的一种客观赋权法，通过计算独立性权系数来确定两个评价指标之间的相关性，分析两个分类评价指标之间的关联关系。其中，复相关系数是通过数理统计学的多元回归分析计算得出的衡量一个变量与其他多个变量之间线性相关程度的指标，若复相关系数与所测指标权重呈负相关关系，则复相关系数越大，表明所测指标与其他指标之间的线性相关程度越高，共线性越强，也意味着指标之间的重复信息越多，该指标所占权重就越少。其倒数则反映了该指标所包含的不同于其他指标的信息量，因此，在独立性权系数法中，研究者们经常选取复相关系数的倒数作为得分，再通过归一化处理得到所测指标的权重值。

粗糙集（Rough Set）是1982年由Pawlak教授提出的能够定量分析处理不完整、不一致甚至是不精确信息的数学工具。其最初来源于简单的信息模型，其内涵是在保持分类能力不变的前提下，通过知识约简算法得出所求问题的决策或对指标分类。因此，粗糙集法是一种基于分类机制的客观赋权法，它将“分类”定义为在特定空间上的等价关系，而这些等价关系构成了对该空间的划分，再利用已知知识库中的知识，近似刻画那些不完整、不一致甚至是不精确的知识。在处理那些不确定、不精确问题的过程中，粗糙集法不需要提供问题中所需处理的数据集以外的任何先验信息，这是它与其他方法最大的区别，也是最大的优势之一。因此，粗糙集法可以更为客观地处理或描述问题的不确定性。

变异系数法是直接通过各项指标所包含的信息计算得出指标权重的一种客观赋权法。根据所测指标的目标值和当前值的变异程度来对各项指标进行赋权。变异系数法的基本思想为：若评价指标的取值差异越大，越能明确区分所代表的评价对象，则说明该指标更能分辨信息，因此该指标所占权重更大；相反地，若评价对象关于某项指标的取值差异很小，那么就说明这项指标分辨对象的能力较弱，所占权重就较小。综上，变异系数法的优势在于其不仅可以消除数据在维度和数量方面的影响，而且更能反映各个评价指标之间的差距。

均方差法又称标准差法，是使用均方差的大小来反映随机变量离散程度的赋权方法。均方差法的基本思想是：将各个评价指标作为随机变量，将指标的属性值作为随机变量的值，求得这些随机变量（各指标）之间的均方差，再将均方差进行归一化处理，归一化的结果就是每个指标的权重系数。指标的标准差越大，表明它的变异程度越高，能够反映的信息量越多，对评价的作用越大，从而给予的权重就越多；否则就越少。

熵权法作为一种客观赋值法，将定性分析和定量分析有机结合，根据指标变异性大小度量不确定性，不仅能反映指标信息熵的效用价值，还能有效消除人为因素造成的干扰和误差，体现指标的客观变异性。一般来说，指标值的变异程度越小，数据的信息承载量越大，其熵值越小，在评价中的作用也越小；反之，指标值的变异程度越大，数据的信息承载量越小，其熵值越大，在评价中的作用也越大。

综上所述，熵权法相较于其他方法在某些方面具有一定的优势：

首先，熵权法选取的指标不会受变量性质的限定；其次，熵权法对数据的要求不是十分严苛，也无须严格满足一定的样本数量；最后，熵权法考虑了指标自身的信息质量，通过决策矩阵客观地计算权重，无须覆盖全部的生存期。因此，本书采用熵权法进行商业银行ESG评分的测度。

2）基于熵权法的指标权重确定

首先，依据《央企控股上市公司ESG专项报告参考指标体系》和《银行业保险业绿色金融指引》构建因子库，包括“绿色信贷”“绿色金融产品创新”“责任荣誉”“绿色运营”“对外捐赠”“反歧视”“反洗钱”“反贿赂”“反腐败”“乡村发展”“乡村振兴”“普惠金融”“普惠信贷”“客户隐私”“信息安全”“数据安全”“投资者关系”“信息披露情况”“报告可信度”等40个与银行ESG表现有关的关键词。其次，使用Python对2012年到2022年期间样本银行的年度报告、社会责任报告、ESG报告等按照“年份+银行+关键词”的搭配进行文本爬取，总共得到13 113条数据。再次，把所有银行的所有关键词搜索结果数量进行加总，对总词频加1，统计因子库中关键词出现的频次总数。频次总数越多，ESG评分越高。最后，运用熵权法计算出环境、社会、治理三个维度中各子目标的权重。

熵权法测算步骤如下：

第一步，ESG的评价指标分为正向指标和负向指标，为消除不同物理量之间的单位差异，使数据具有可比性，本书根据程启月（2010）等学者的研究，使用极值处理法进行去量纲处理。

将指标原始数据矩阵定义为$X=(x_{ij})_{m\times n}$。其中：m代表矩阵X的行数，即共有m组数据；n代表矩阵X的列数，即指标总个数；x_{ij}代表矩阵X中第i行第j列的元素，即第j个指标的第i个观测值。

对原始数据矩阵 $X=(x_{ij})_{m\times n}$ 进行标准化处理：对于正向指标，进行 $y_{ij}=(x_{ij}-\min(x_j))/(\max(x_j)-\min(x_j))$ 标准化处理；对于负向指标，进行 $y_{ij}=(\max(x_j)-x_{ij})/(\max(x_j)-\min(x_j))$ 标准化处理。其中，$\max(x_j)$ 和 $\min(x_j)$ 分别代表矩阵 X 中第 j 列元素中的最大值和最小值。

$Y=(y_{ij})_{m\times n}$ 为标准化后的矩阵。其中，y_{ij} 代表矩阵 Y 中的第 i 行第 j 列的元素，即第 j 个指标的第 i 个观测值标准化处理后的值。

第二步，$Y=(y_{ij})_{m\times n}$ 的平移处理。

为消除标准化后0的影响、保持测度结果直观性，将数据向右平移0.001单位。

处理后矩阵变为 $Y'=(y'_{ij})_{m\times n}$。其中，y'_{ij} 代表平移后矩阵 Y' 中第 i 行第 j 列的值，即第 j 个指标第 i 个观测值平移0.001单位后的值。

第三步，计算数据比重。

根据公式 $P_{ij}=\frac{y'_{ij}}{\sum_{i=1} m\, y'_{ij}}$，计算每个数据所占比重。

第四步，计算信息熵。

根据信息熵的定义 $e_j=-\frac{1}{\ln(m)_{i=1}}\sum_{i=1} mP_{ij}\ln(P_{ij})$，$0\leqslant e_j\leqslant 1$，得到指标 j 的信息熵 e_j。

第五步，确定各指标权重。

由各指标信息熵为 e_1、e_2、…、e_j，根据公式 $g_j=1-e_j$，计算出第 j 项指标的差异系数 g_j，即信息效用值，表示信息效用大小。效用值越大，指标 j 对评价的重要性就越大，权重也就越大。再根据公式 $e_j=-\frac{g_j}{\sum_{j=1} n\, g_j}$，计算出第 j 个指标权重 w_j，$\sum_{j=1} nw_j=1$。

具体测算结果见表3-8。

表 3-8　　基于熵权法的ESG指标权重赋权

目标层	准则层	指标层	e_j	w_j
ESG	*Env*	绿色信贷余额	0.7454	40.80%
		绿色金融产品创新	0.9449	8.83%
		责任荣誉	0.7901	33.65%
		绿色运营	0.8957	16.72%
	Soc	对外捐赠	0.8220	20.32%
		小微企业贷款余额	0.8663	15.26%
		员工总人数	0.7980	23.06%
		女性员工比例	0.9926	0.84%
		反歧视政策	0.8330	19.07%
		反洗钱情况	0.9699	3.44%
		乡村振兴	0.9424	6.58%
		客户隐私和数据安全	0.8997	11.48%
	Gor	资本充足率	0.9875	4.44%
		净资产收益率	0.9855	5.15%
		不良贷款率	0.9950	1.77%
		独立董事占比	0.9946	1.90%
		投资者关系管理	0.9236	27.06%
		信息披露状况	0.9916	2.98%
		报告可信度	0.9275	25.67%
		反腐败反贿赂政策	0.9124	31.03%

3.3.3　基于熵权法的我国商业银行ESG评价

本评价通过自下而上逐级加权平均的方法进行汇总，将测算出的权重代入后，得到环境、社会、公司治理三个维度的测算公式：

$$Env=40.80\%\times E_1+8.83\%\times E_2+33.65\%\times E_3+16.82\%\times E_4 \tag{3-1}$$

$$Soc=20.32\%\times S_1+15.26\%\times S_2+23.060\%\times S_3+0.84\%\times S_4+19.07\%\times S_5+ 3.44\%\times S_6+6.58\%\times S_7+11.45\%\times S_8 \tag{3-2}$$

$$Gor=4.44\%\times C_1+5.15\%\times C_2+1.77\%\times C_3+1.90\%\times C_4+27.60\%\times C_5+ 2.98\%\times C_6+25.67\%\times C_7+31.03\%\times C_8 \tag{3-3}$$

在环境层面，绿色信贷余额和责任荣誉的指标权重较高，分别为40.80%和33.65%，说明银行通过减少对高耗能、高污染和过剩产业等项目的贷款可以更好地支持环境改善。获得与环境保护相关的责任荣誉称号越多，证明银行在环境保护方面的投入越大、力度越强，获得的评价越高。

在社会层面，员工总数和对外捐赠的指标权重均超过20%，可见银行积极提供就业岗位、参与社会公益活动能够显著提高ESG评分。

在治理层面，反腐败、反贿赂政策的指标权重最高，达到31.03%。投资者关系管理次之，占比为27.06%。因此，商业银行可以通过加强内部反腐监察、规范投资者关系管理来提高ESG评分。

1）环境维度

（1）绿色信贷余额和速度逐年递增

从绿色信贷余额来看，我国商业银行绿色信贷余额从2012年的1.91万亿元增长到2022年的16.94万亿元，10年内共增长了15.03万亿元。其中，国有银行增长了6.3万亿元，占比为77.40%，依然是绿色信贷的“主力军”。

从绿色信贷增长速度来看，我国商业银行年均增长率保持在10%以上，远高于一般贷款。其中，城商行和农商行的绿色信贷年均增长率最高，为49.58%和66.95%，如图3-2所示。究其原因，主要与前期绿色贷款基数较低有关。2022年年末，我国国有银行的绿色信贷余额为12.5万亿元，而城商行为1.12万亿元，仅占国有银行的10%左右。

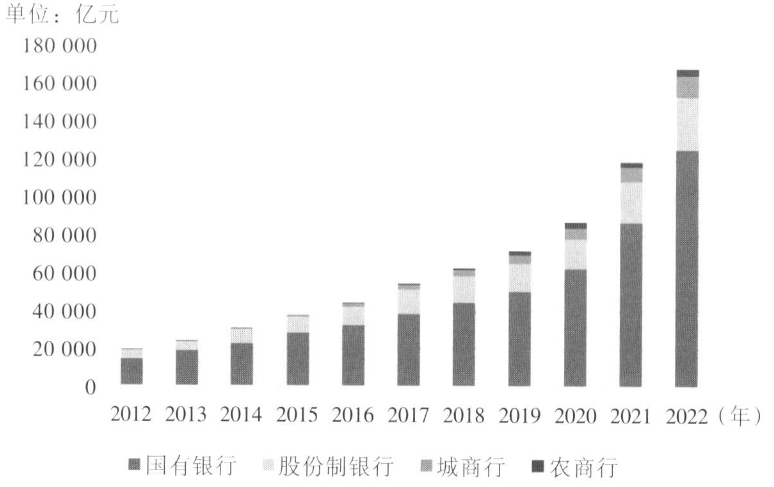

图3-2　2012—2022年我国商业银行绿色信贷情况

此外，近年来为推动经济社会发展绿色化、低碳化，我国绿色信贷政策频出，如2012年2月原银监会出台《绿色信贷指引》，同年5月中国人民银行颁布《银行业金融机构绿色金融评价方案》。多项绿色信贷政策的出台表明政府积极引导银行加大绿色信贷投放力度、优化信贷结构。

根据中国人民银行发布的《2023年金融机构贷款投向统计报告》，截至2023年年末，我国本外币绿色贷款余额为30.08万亿元，比年初增加8.48万亿元，同比增长36.5%，高于各项贷款增速26.4个百分点，在世界绿色信贷总量中位居前列，其中，投向具有直接和间接碳减排效益项目的贷款分别为10.43万亿元和9.81万亿元，合计占绿色贷款的67.3%。

（2）逐步推进绿色运营

商业银行坚持自身绿色运营有利于其完善内部治理、践行ESG

理念、助力“双碳”目标实现。本书以商业银行在社会责任报告中是否披露节水、节电、节约纸张等提倡绿色运营的信息，作为商业银行是否坚持绿色运营的依据。

图3-3为2012—2022年间我国披露绿色运营信息的商业银行数量占比。可以看出，披露绿色运营信息的国有银行数量占比从2012年的60%增长到2022年的80%，绿色运营情况较好；披露绿色运营信息的股份制银行数量占比基本稳定在50%；披露绿色运营信息的城商行数量占比从2012年的20%增长到2022年的68.29%，绿色运营情况逐渐改善。总体来看，我国商业银行在社会责任报告中披露的绿色运营信息较少，自身绿色运营情况有待进一步提高，需进一步优化绿色运营模式，推动自身实现高质量、可持续发展。

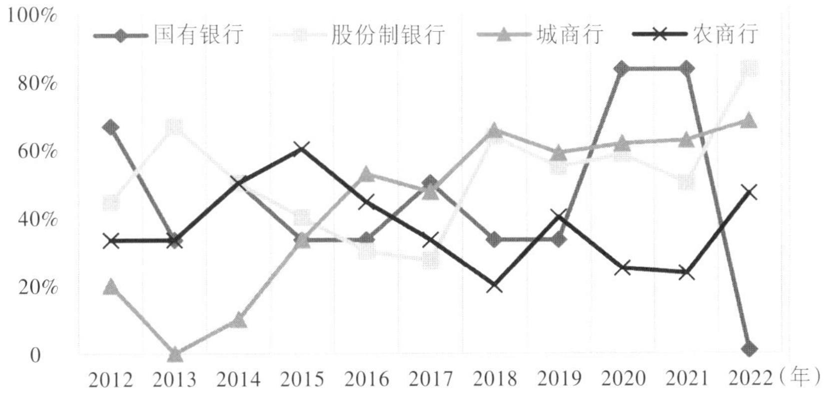

图3-3　2012—2022年我国披露绿色运营信息的商业银行数量占比

2）社会维度

（1）对外捐赠数额逐年上升

自2012年以来，我国商业银行对外捐赠的数额呈现逐年上升的趋势，从2012年的9.27亿元增长到2020年的41.15亿元，增量达到31.88亿元，如图3-4所示。其中，国有银行对外捐赠数额增长了10.35亿元，占比为32.47%；城商行对外捐赠增量为15.51亿元，占比最大，为

48.65%；而农商行对外捐赠增量较少，为2.217亿元，占比仅为7%。

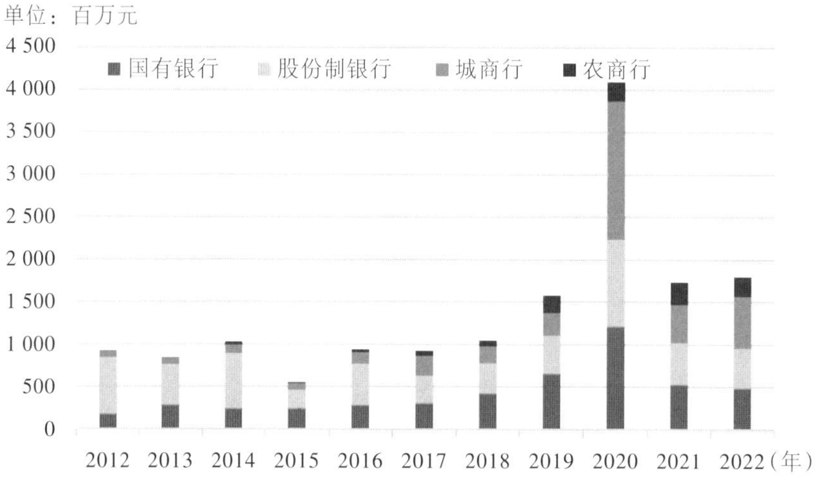

图3-4　2012—2022年我国商业银行对外捐赠数额

然而，我国商业银行对外捐赠的数额在2021年骤降，出现该情况的原因可能为：2020年新冠疫情暴发，受此影响，商业银行的盈利空间收窄，规模效益减弱，同时疫情冲击导致实体企业经营困难，资金链断裂风险加大，商业银行贷款质量承压，不良贷款余额增加。在这些因素作用下，商业银行对外捐赠数额减少。

（2）小微企业贷款余额波动上升

2012—2022年我国商业银行的小微企业贷款余额波动上升，仅在2017—2018年间出现了短暂下降，自2019年后逐年持续攀升。其中，国有银行的小微企业贷款余额数量最大，由2012年的5.28万亿元增长到2022年的11.19万亿元；其次是股份制银行，由2012年的1.53万亿元增长到2022年的5.17万亿元；城商行由2012年的0.4万亿元增长到2022年的4.67万亿元。所有类型的商业银行的小微贷款增速都超过了100%，说明我国商业银行对于小微企业的扶持力度不断提高，如图3-5所示。

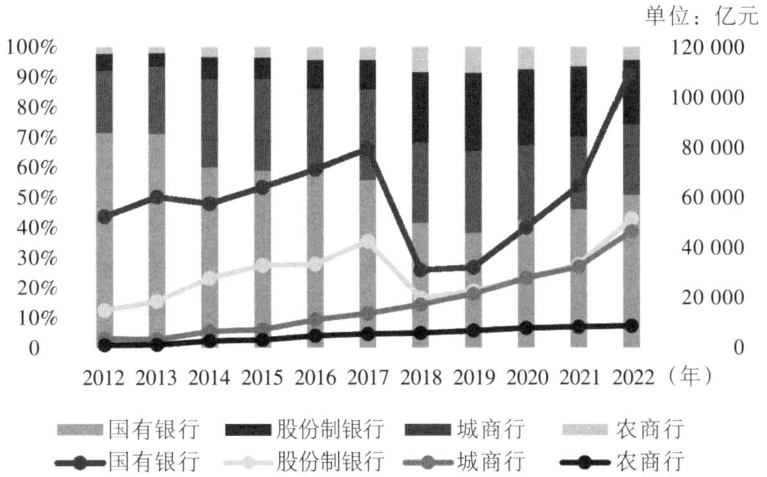

图 3-5　2012—2022 年我国商业银行小微企业贷款余额

从 2012—2022 年我国不同类型商业银行的小微企业贷款余额占总额的比例来看，国有银行占比从 2012 年的 71.65% 降至 2023 年的 50.82%，而股份制银行从 20.74% 增加到 23.49%，城商行从 5.47% 增加到 21.22%，增速最快。这说明城商行已经找准定位，积极发挥自身优势，加大对小微企业的资金支持力度，满足小微企业发展的金融需求，在解决小微企业融资难的问题上发挥着越来越重要的作用。

3）治理维度

（1）逐渐重视投资者关系管理

投资者关系管理既是加强投资者保护工作的重要内容，也是持续提升投资者保护水平、与投资者形成良性互动、实现公司整体利益最大化的重要抓手。银行做好投资者关系管理，既有利于商业银行树立良好的企业形象和声誉，又有利于商业银行实现价值最大化。本书以银行在社会责任报告中是否披露有关投资者沟通、管理的信息，作为商业银行是否进行投资者关系管理的依据。图 3-6 为 2012—2022 年我国披露投资者关系管理信息的商业银行数量占比。可以看出，国有银行和股份制银行能够积极主动地披露投资者关系管理信息，城商行、农商行也开始通过主动公开信息不断提升自身的经营发展水平和声誉。

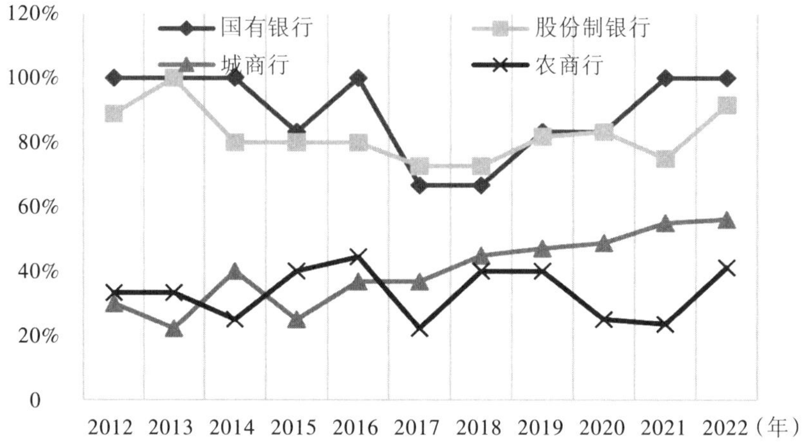

图 3-6 2012—2022 年商业银行投资者关系管理信息披露情况

（2）报告可信度参差不齐

目前，许多商业银行已始发布社会责任报告，但社会责任报告与年报不同，并不强制要求进行第三方审计。尽管有关规定要求上市银行必须披露真实可靠的社会责任信息，并明确公司董事会及全体董事对报告内容的真实性、准确性和完整性承担个别及连带责任，但这也很难保证披露信息的绝对真实。本书以银行社会责任报告是否由第三方审计机构审计并出具审计报告为依据，对我国商业银行社会责任报告的可信度进行度量。

图 3-7 为 2012—2022 年我国商业银行发布的社会责任报告由第三方审计机构审计并出具审计报告的次数。可以看出，所有国有商业银行的社会责任报告均由第三方审计机构进行审计并出具相关审计报告，社会责任报告可信度高；在股份制银行中，除兴业银行外，其余银行的社会责任报告可信度较高；城商行、农商行等各类型银行的社会责任报告可信度差距较大，可信度有待进一步提高。

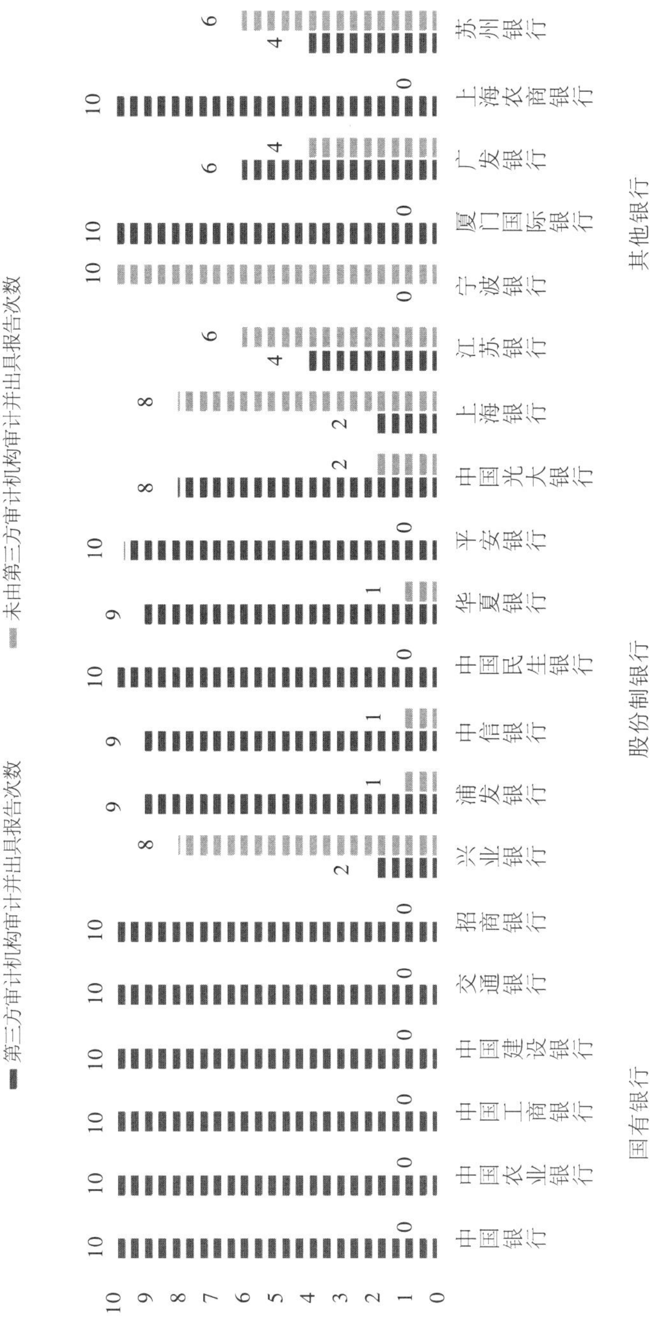

图 3-7　2012—2022 年我国商业银行社会责任报告可信度情况

根据MSCI评级对金融业各范畴的权重划分，结合我国银行业自身特性，对指标权重进行适当调整，最终确定为：环境权重25%，社会权重40%，治理权重35%[①]，形成以下ESG评分测算公式：

$$ESG=25\%\times Env+40\%\times Soc+35\%\times Gor \tag{3-4}$$

由公式（3-1）至（3-4）可得出商业银行ESG评分测度结果，见表3-9。

表3-9　　2012—2022年我国商业银行ESG评分

简称	维度	2012年	2013年	2014年	2015年	2016年	2017年	2018年	2019年	2020年	2021年	2022年
国有银行	环境	0.5529	0.5294	0.5366	0.5146	0.5227	0.6003	0.5842	0.5943	0.6708	0.7124	0.4700
	社会	0.3650	0.4019	0.4291	0.4469	0.5451	0.6397	0.5796	0.5390	0.5785	0.6385	0.6122
	治理	0.8919	0.8232	0.8263	0.8269	0.8774	0.7695	0.8080	0.8999	0.8532	0.9458	0.8947
	ESG	0.5964	0.5812	0.5950	0.5968	0.6558	0.6753	0.6607	0.6791	0.6978	0.7645	0.6755
股份制银行	环境	0.3432	0.2307	0.2715	0.3015	0.2273	0.1846	0.3444	0.2988	0.3652	0.4278	0.3411
	社会	0.2691	0.2544	0.2394	0.2517	0.3157	0.3318	0.3241	0.3561	0.4150	0.4092	0.3752
	治理	0.8296	0.8827	0.8168	0.8145	0.8109	0.8695	0.8410	0.9014	0.9297	0.8711	0.8286
	ESG	0.4838	0.4684	0.4495	0.4611	0.4669	0.4816	0.5191	0.5326	0.5827	0.5755	0.5253
城商行	环境	0.0513	0.0297	0.0966	0.0547	0.1706	0.1405	0.2069	0.1805	0.2232	0.2719	0.2113
	社会	0.2465	0.1815	0.1485	0.1434	0.1724	0.1791	0.1938	0.1979	0.2232	0.2524	0.2642
	治理	0.5581	0.4808	0.4545	0.4050	0.4778	0.4862	0.5187	0.4718	0.5314	0.5402	0.6218
	ESG	0.3068	0.2483	0.2427	0.2128	0.2788	0.2664	0.2933	0.2858	0.3266	0.3535	0.3710

① MSCI根据金融行业特征选取了碳排放、隐私和数据安全以及治理范畴的多项关键议题进行ESG评级，当前公布的最新权重划分为：E-10.6%、S-52.2%、G-37.2%。MSCI要求所有行业在治理范畴上的总权重不低于33%，且在每年的11月对各行业的指标选择和权重分配进行审查与调整。

续表

简称	维度	2012年	2013年	2014年	2015年	2016年	2017年	2018年	2019年	2020年	2021年	2022年
农商行	环境	0.1148	0.1148	0.0855	0.1713	0.1954	0.1716	0.1435	0.1631	0.1326	0.1724	0.1868
	社会	0.0564	0.0564	0.0848	0.0623	0.0520	0.0620	0.0540	0.0939	0.1278	0.1691	0.1784
	治理	0.3009	0.2998	0.2849	0.3745	0.3636	0.3301	0.3400	0.3460	0.3334	0.3673	0.4583
	ESG	0.1566	0.1562	0.1550	0.1988	0.1969	0.1832	0.1760	0.2013	0.2032	0.2429	0.2859

银行ESG评分越高，意味着其ESG表现越好、水平越高。整体来看，2012—2022年我国商业银行ESG评分总体稳中有进，但不同属性的商业银行间仍有较大差距。其中，国有商业银行的平均ESG评分自2012年起基本保持在0.5以上；股份制银行平均ESG评分次之，保持在0.4~0.5之间；城商行整体ESG评分略逊色于国有银行和股份制银行，平均为0.3；而农商行ESG评分最低。具体结果如图3-8所示。

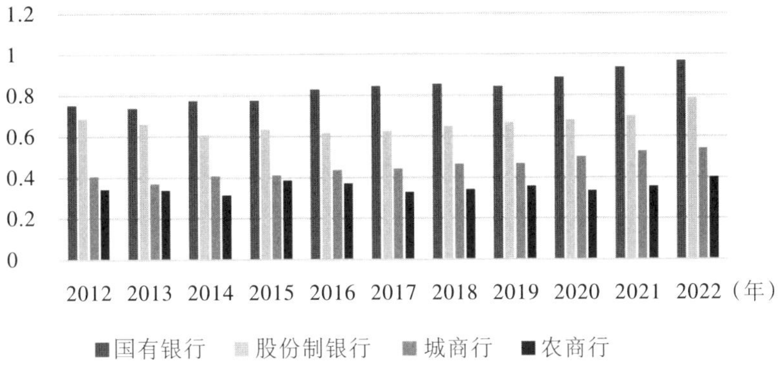

图3-8　2012—2022年我国商业银行ESG评分

从环境、社会和治理三个维度来看，无论哪个类型的银行，其治理维度的得分远远高于其他两个维度。图3-9为2012—2022年我国商业银行的环境、社会、治理维度的评分情况。其中，社会维度评分最高，总体呈上升趋势；治理维度评分略有下降，但相比于环境维度还是处于较高水平，保持在0.6左右；环境维度评分最低，但上升趋势最为明显。这表明商业银行在注重内部组织架构规范和完善的同时，还应持续践行ESG发展理念，积极对接利益相关方的环境履责承诺与社会责任期待，构建基于长期可持续发展的ESG价值体系。

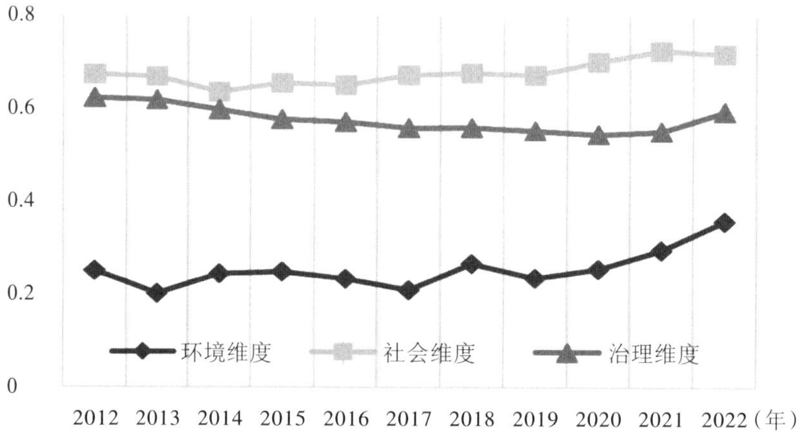

图3-9 2012—2022年我国商业银行环境、社会、治理各维度评分

3.3.4 结果对比

本书构建的ESG评价体系与其他评价体系相比，具有多方面的优势：首先，在指标体系的设置上不同于以往的共性评价，而是根据银行业特性构建专属的ESG评价体系；其次，将ESG评价对象的覆盖范围拓宽至城商行和农商行；最后，评价结果更能体现银行间ESG水平的差异性，不同类型的商业银行之间有明显的得分差距。

ESG评分对比见表3-10。

表3-10 **2022年ESG评分对比**

银行	本书ESG评分	华证ESG评分	Wind ESG评分	中证ESG评分（以MSCI评级权重加权）
中国邮政储蓄银行	0.6351	83.49	6.52	0.8275
中国工商银行	0.5874	83.17	6.96	0.7940

续表

银行	本书ESG评分	华证ESG评分	Wind ESG评分	中证ESG评分（以MSCI评级权重加权）
中国农业银行	0.7666	83.08	6.94	0.7630
中国建设银行	0.7510	83.36	6.51	0.8735
中国银行	0.7078	85.04	6.53	0.7885
招商银行	0.4356	87.30	7.03	0.9130
平安银行	0.5075	84.91	6.84	0.8155
南京银行	0.6528	84.16	8.1	0.6870
交通银行	0.6052	85.50	6.3	0.9415
兴业银行	0.5166	85.90	7.71	0.8850
苏州银行	0.3593	82.97	7.21	0.8350
郑州银行	0.5537	82.06	6.71	0.4995
中信银行	0.5852	81.57	5.97	0.8345
上海银行	0.5633	83.23	6.81	0.7790
华夏银行	0.5787	81.62	6.25	0.6660
浦发银行	0.3617	86.57	6.87	0.8870
中国光大银行	0.5005	81.28	6.82	0.7120
中国民生银行	0.5903	83.14	7.76	0.7600
重庆银行	0.3709	80.40	6.77	无
厦门银行	0.4296	81.83	5.73	0.4810
江苏银行	0.4940	79.89	6.79	0.6790
长沙银行	0.4438	81.01	6.15	0.5905
贵阳银行	0.4837	74.77	6.42	0.4590
杭州银行	0.3791	77.00	6.06	0.7075
宁波银行	0.5720	78.12	6.16	0.7485
兰州银行	0.2687	77.42	5.56	0.3230
常熟银行	0.3758	79.39	6.86	0.7300

续表

银行	本书ESG评分	华证ESG评分	Wind ESG评分	中证ESG评分（以MSCI评级权重加权）
齐鲁银行	0.1005	77.11	4.88	0.5155
成都银行	0.2445	74.54	5.86	0.4755
江西银行	0.3562	无	无	无
中原银行	0.5119	无	无	无
哈尔滨银行	0.4692	无	无	无
盛京银行	0.5466	无	无	无
天津银行	0.5526	无	无	无
上海农商银行	0.4515	无	无	无
广东顺德农商行	0.5605	无	无	无
广发银行	0.6520	无	无	无
汉口银行	0.3633	无	无	无
温州银行	0.2713	无	无	无
厦门国际银行	0.5079	无	无	无

通过Pearson相关系数分析不同ESG评分间的相关性，结果见表3-11。本书评分与华证、Wind、中证评分的相关系数分别为0.507、0.492、0.492，且均在1%的显著水平下强相关，证明本书测算的ESG评分与实际相符，测算结果有效、稳健。

表3-11　　**不同ESG评分Pearson相关性检验**

	本书评价	华证	Wind	中证
熵权法	1.000			
华证	0.507***	1.000		
Wind	0.492***	0.592***	1.000	
中证	0.492***	0.749***	0.519***	1.000

注：***、**、*分别表示在1%、5%、10%的水平上显著，下同。

3.4 本章小结

本章首先在遵守商业银行ESG评价的科学性、系统性、完整性和实用性原则下，从环境、社会和公司治理三个维度构建了商业银行专属的ESG评价指标体系框架。其中，环境维度包括绿色信贷余额、绿色金融产品创新、责任荣誉、绿色运营；社会维度包括对外捐赠、小微企业贷款余额、员工总人数、女性员工比例、反歧视政策、反洗钱情况、乡村振兴、客户隐私和数据安全；公司治理维度包括资本充足率、净资产收益率、不良贷款率、独立董事占比、投资者关系管理、信息披露状况、报告可信度、反腐败反贿赂政策等指标。

其次，本章使用Python对2012—2022年样本银行的年度报告、社会责任报告、ESG报告按照“年份+银行+关键词”的搭配进行文本爬取，抓取关键词；运用熵权法计算出环境、社会、治理三个维度中子目标的权重；通过加权的方式进行我国商业银行ESG综合表现评价。结果表明，整体上看，我国商业银行ESG评分稳中有进，但不同属性的商业银行间仍有较大差距。

本书的评价结果与其他ESG评分体系相比，具有商业银行业专属特征，并拓宽了评价对象的覆盖范围，更能体现银行间ESG水平的差异性，且通过Pearson相关性检验证明了本书测算的ESG评分数据的有效性和稳健性。

4

我国商业银行利润效率测算

4.1 效率测算方法

随着人们对效率重视程度的提升，有关效率测算的研究也越来越深入，这些研究主要采用参数方法和非参数方法两类方法。

1）非参数方法

非参数方法利用线性规划构建生产前沿面，将有限多个实际观测的生产决策单元与前沿面进行一一比较，从而计算各单元的相对效率值。非参数方法既不需要提前假设生产函数的数学表达式和预估表达式中的参数，也不需要统一各指标的量纲，可以很好地解决多输入多产出的效率评估问题，目前已经广泛应用于各行各业，包括企业管理、医疗保险、银行、教育、农业等行业。其中，最有代表性的方法是数据包络分析法（data envelopment analysis，DEA）。

2）参数方法

参数方法即通过一个由若干参数组成的生产函数关系表达式，结合投入产出的样本数据，利用回归分析方法对函数中的参数值进行估计，进而得到确定的生产数学函数表达式，并由此来测定评价技术效率。相较于非参数分析法，参数方法需提前确定生产前沿函数、投入产出要素及生产环境之间的关系，并充分考虑生产活动中随机因素的影响。

根据生产前沿函数的假设是否受到随机误差的影响和随机误差的概率分布类型，将参数分析法分为随机前沿分析方法、自由分布方法、厚度前沿分析方法等。其中，随机前沿方法（stochastic frontier analysis，SFA）是参数方法中最典型、应用最广泛的方法，许多方法都是在这个基础上进行改进得到的。

4.1.1 数据包络分析法

数据包络分析法是1978年由Chames等人提出的用于评估一个系统中某组织或单位的相对有效性的非参数数学规划方法。其基本思想是通过将一个单位的资源使用情况和产出水平，与其他单位的资源使用情况和产出水平进行比较，以确定该单位的效率水平。

对于单投入单产出的生产单位，效率的度量通常是以产出与投入的比值来计算的，即：

$$效率=\frac{产出}{投入} \tag{4-1}$$

对于多投入多产出的生产单位，则采用相对效率进行测度，相对效率使用产出与投入的加权和的比值来计算，即：

$$效率=\frac{产出的加权和}{投入的加权和} \tag{4-2}$$

由于每个生产单位的生产组织方法各不相同，不同产出的重要程度也不同，所以，各个生产单位对投入和产出的重要程度评价不同，权重也不同。因此，将每个生产单位都以与其生产组织方式最相近的其他生产单位为参照，采取最适宜的权重。

一般情况下，将DEA的观测值或者研究对象设为决策单元(decision making unit，DMU)。通过对DMU的输入输出数据进行综合分析，得到每个DMU综合效率的数量指标，据此将各DMU定级排序，确定有效的DMU，并指出其他DMU非有效的程度和原因。

与传统的统计计量方法相比，DEA方法有以下几种优点：

①不需要一个预先已知的生产函数。这一特点使其尤其适合于多投入多产出且数量关系复杂的系统，因为这些系统的投入与产出量之间具体函数形式的估计是十分困难的。②不必事先确定各指标的权

重。DEA方法把各投入、产出指标的权重作为变量，通过求解线性规划问题确定最适宜的权重，从最有利于评价单元的角度进行评价，能有效地避免人为确定权重时评价者的主观意愿对评价结果的影响。③不受投入、产出指标量纲的影响。DEA方法对效率的测度是由原点到生产组合点的径向效率，各投入要素之间的相对比例保持不变，避免了传统方法中计算综合投入量与综合产出量时各指标量纲不一致所带来的困难。

但要注意的是，在DEA使用过程中要满足“自由度”的要求，即必须有足够多的决策单元DMU。一般要求决策单元的个数K与投入指标数M及产出指标数N之间，满足$2(M+N)\leqslant K$，否则评价结果的可信度就会降低。因此，在使用DEA方法时，投入或产出变量不宜选择过多，相关性较强的变量应进行合并，从而减少研究问题的维数，以便更好地进行分析。

将多项投入指标和产出指标距离原点最外侧的决策单元与原点用直线相连，构建不变规模报酬（constant returns to scale，CRS）生产技术前沿面；或者将多项投入指标和产出指标的最外侧决策单元用直线相连，构建可变规模报酬（variable returns to scale，VRS）生产技术前沿面，具体如图4-1所示。

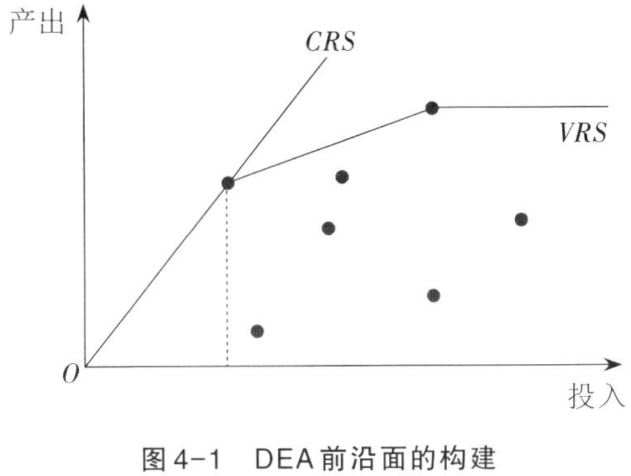

图4-1　DEA前沿面的构建

1）不变规模报酬模型CRS

Chames、Cooper和Rhodes（1978）提出基于不变规模报酬CRS的投入DEA模型，该模型又称CCR模型或C^2R模型。

模型假设：

（1）有K个决策单元DMU；

（2）每个决策单元有M种投入要素，生产N种产品。

相应地，第j个决策单元的投入和产出向量分别为：

投入向量：$X_j=(x_{1j}, x_{2j}, \cdots, x_{Mj})>0 \quad (j=1, \cdots, K)$

产出向量：$Y_j=(y_{1j}, y_{2j}, \cdots, y_{Nj})>0 \quad (j=1, \cdots, K)$

所有观测点都在该生产前沿上或在其下。由于各种投入和产出的作用不同，在对不同决策单元进行评价时，应对它的投入和产出进行标准化处理，即把它们看作只有一个总体输入和一个总体输出的生产过程，这样就需要赋予每个输入、输出一定的权重。

投入权重向量：$W=(w_1, w_2, \cdots, w_M)^T$

产出权重向量：$Q=(q_1, q_2, \cdots, q_N)^T$

最佳的权重向量可以通过以下数学规划得到，即：

$$MAX\frac{\sum_{m=1}^{N}q_m y_{mj}}{\sum_{i=1}^{M}w_i x_{ij}}$$

$$\text{s.t.}\begin{cases}\dfrac{\sum_{m=1}^{N}q_m y_{mj}}{\sum_{i=1}^{M}w_i x_{ij}} \leqslant 1 \\ q_j \geqslant 0 \quad (j=1, 2, \cdots, N) \\ w_i \geqslant 0 \quad (i=1, 2, \cdots, M)\end{cases} \tag{4-3}$$

通过求解上述线性规划问题得到每个决策单元的效率值。不变规模报酬的DEA模型仅仅适用于决策单元处于规模报酬不变的情况。

DEA采取分线段的形式测量效率，由于部分前沿线段与坐标轴平行，会产生投入松弛量和产出松弛量。

以两种投入、一种产出的DEA模型为例，投入松弛量的产生原因如图4-2所示，折线*SCDS′*是前沿面，折线上包括点*C*和点*D*在内的所有点均是有效决策单元，而折线外的包括点*A*和*B*的所有点均是效率较低的决策单元，*SC*与纵轴平行，*DS′*与横轴平行。

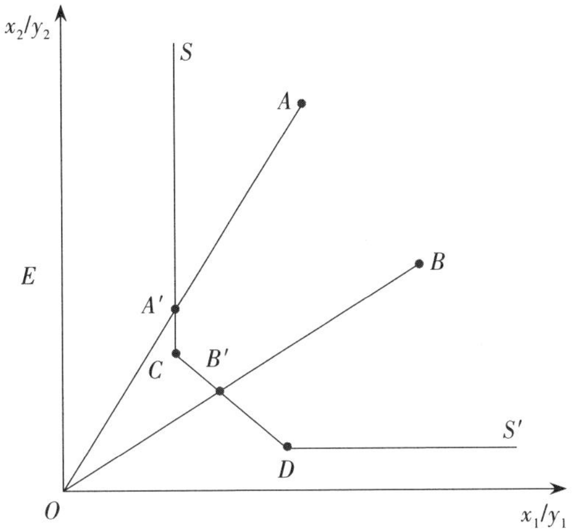

图4-2　效率度量与投入松弛

根据Farrell的定义，点*A*和点*B*的效率分别为：

$$EE_A = \frac{OA'}{OA}$$

$$EE_B = \frac{OB'}{OB} \tag{4-4}$$

*B′*是有效率的决策单元，但*A′*不是有效率的，因为在投入x_1的情况下，x_2的投入减少*CA′*的量，产出仍然保持不变，*CA′*就是投入松弛（input slack）。

同理，对于多投入多产出的情况，也会出现产出松弛（output slack），以两种产出的DEA模型为例，产出松弛量的产生原因如图4-3所示，折线*ZABCZ′*是前沿面，*CZ′*与纵轴平行，*ZA*与横轴平行，

A、B和C是有效率的决策单元，而P和Q是效率较低的决策单元。对于效率较低的决策单元，可以通过该决策单元在生产前沿上的径向投影点来计算产出的径向扩充量。如在P点进行生产时，其在前沿面上的径向投影点为P'，P'在前沿面上，但并不是有效率点，此时，在不增加任何投入的情况下，产出y_1可以增加AP'的量，所以，在产出y_1存在AP'的松弛量。

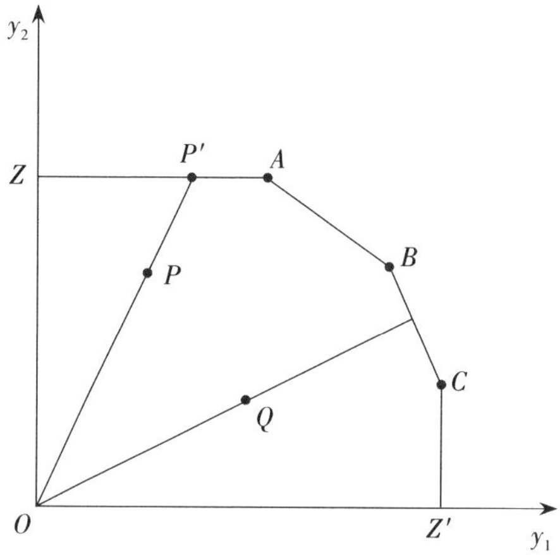

图4-3　效率度量与产出松弛

2）可变规模报酬模型VRS

在不完全竞争市场中，由于受资金等要素的限制，决策单元的生产函数往往不能呈现规模报酬不变，此时技术效率中还存在着规模效率。针对这种情况，学者Kumar、Charnes和Cooper于1984年在CCR模型的基础上，提出了可变规模报酬的DEA模型，又称为BCC模型。由于BCC模型在CCR模型上进行了改进，在CRS模型的基础上增加了一个凸性假设，即$\sum_{j=1}^{n}\lambda_j = 1$，因此很多假设条件都相同。但VRS模型较CRS模型更为理性化，成功地排除了规模效率的影响。

模型假设：

（1）有K个决策单元DMU；

（2）每个决策单元有M种投入要素，生产N种产品。

相应地，第j个决策单元的投入和产出向量分别为：

投入向量：X_j=（x_{1j}，x_{2j}，…，x_{Mj}）>0　（j=1，…，K）

产出向量：Y_j=（y_{1j}，y_{2j}，…，y_{Nj}）>0　（j=1，…，K）

$$min\left[\theta - \varepsilon\left(\sum_{i=1}^{m} s_i^- + \sum_{h=1}^{s} s_i^+\right)\right]$$

$$\text{s.t.}\begin{cases}\sum_{j=1}^{m}\lambda_j x_{ij} + s_i^- = \theta x_{i0} \quad (i = 1, 2, \cdots, n)\\ \sum_{j=1}^{m}\lambda_j y_{ij} + s_h^+ = y_{h0} \quad (h = 1, 2, \cdots, k)\\ \sum_{j=1}^{n}\lambda_j = 1 \quad (j = 1, 2, \cdots, n)\\ 0 \leqslant \theta \leqslant 1\\ s_i^- \geqslant 0\\ s_h^+ \geqslant 0\end{cases} \tag{4-5}$$

其中，x_{i0}和y_{h0}分别指决策单元DMU的实际投入值和实际产出值；s_i^-是投入指标的松弛变量，s_h^+是产出指标的冗余变量，s_i^-和s_h^+分别指投入指标的应减少量和产出指标的应增加量；ε为非阿基米德无穷小量；λ为权重系数；θ为CCR模型下的决策单元DMU的综合效率值，在BBC模型下可以进一步分解为纯技术效率值和规模效率值的乘积。

当θ=1且s_i^-=s_h^+=0时，DMU为DEA有效。

当θ=1且$s_i^-\neq s_h^+\neq 0$时，DMU为DEA弱有效。

当θ<1时，DMU为DEA无效。

当$\sum_{j=1}^{n}\lambda_j = 1$时，DMU为规模报酬不变。

当 $\sum_{j=1}^{n}\lambda_j < 1$ 时，DMU为规模报酬递增。

当 $\sum_{j=1}^{n}\lambda_j > 1$ 时，DMU为规模报酬递减。

3）CRS与VRS的关系

CRS和VRS分别代表了规模报酬不变的生产前沿和规模报酬可变的生产前沿。在图4-4中，假定*D*点是生产起始点，那么CRS衡量总的投入产出效率*OE*为*AB*/*AD*，VRS可以衡量规模效率和技术效率，则*AC*/*AD*衡量的是技术效率*TE*，*AB*/*AC*衡量的是规模效率*SE*。

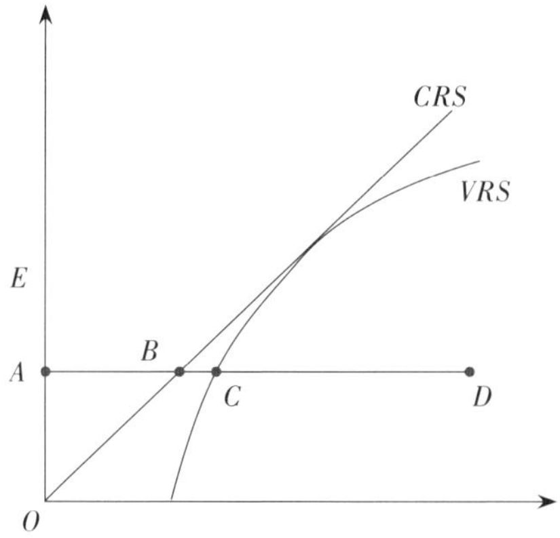

图4-4　技术效率与规模效率比较

4.1.2　随机前沿分析

随机前沿方法（SFA）最早是由Meeusen和Broeck（1977），Aigner、Lovell和Schmidt（1977）以及Battese和Corra（1977）提出的一种非线性的效率测算方法。SFA按照一定标准构造一个效率前沿面，使用决策单位与该前沿面的接近程度来测量效率，即在技术水平一定的情况下，各种比例的投入所能获得的最大产出集合。随机误差项和技术无效率项构成生产函数的误差项，基本定义如下：

$$y_i = f(x_i ;\ \beta)TE_i$$

$$i = 1,\ 2,\ \cdots,\ n \tag{4-6}$$

其中：i为个体；y_i为产出水平；x_i为要素投入；β为一组待估参数；f（x_{it}；β）为SFA模型中潜在或者确定的产出部分；TE_i为技术效率，$TE_i \in$［0，1］，表示在要素投入一定的情况下，决策单位的实际产出与最优产出的比值。

由此可见，该效率是各观察主体之间相互衡量比较下的“效率”，是一个相对概念。当TE等于0时，任何要素投入的改变对实际产出均无影响，生产效率达到最低；当TE等于1时，达到了目前现有技术水平下所能达到的最佳生产效率水平；当$TE \in (0,\ 1)$时，则存在技术的无效率，观察主体在生产过程中存在效率损失。

上述过程建立在传统的“确定性”产出边界基础上，即前沿面没有考虑到外界随机因素的影响。随机因素的存在，会使技术效率的测算存在偏误。因此，增加一个随机干扰项，吸收个体本身无法控制的外界随机因素，从而使TE的测算值更加符合现实情况。改进后的模型为：

$$y_i = f(x_i ;\ \beta)exp(\nu_i - u_i)$$

$$i = 1,\ 2,\ \cdots,\ n \tag{4-7}$$

其中：（v_i-u_i）为复合结构误差项；v_i为随机扰动项，也称双边误差项，服从N（0，σ_v^2）分布，包含了测量过程中的操作误差和经济周期波动风险、政策风险等各种人为不可控因素；$u_i \geqslant 0$为无效率解释项，是一个单边误差项，也是管理误差项，表示对某个个体所具有的冲击。

一般认为，［·］为随机前沿，即在传统生产前沿的基础上加入随机冲击因素而构造的新的生产前沿，具体如图4-5所示。随机冲击可能使原来的实际产出$f(x_i ;\ \beta)TE_i$发生位移，可以位于生产前沿之上，也可能位于生产前沿之下。当实际产出始终位于随机前沿之下时，则存在技术无效率。

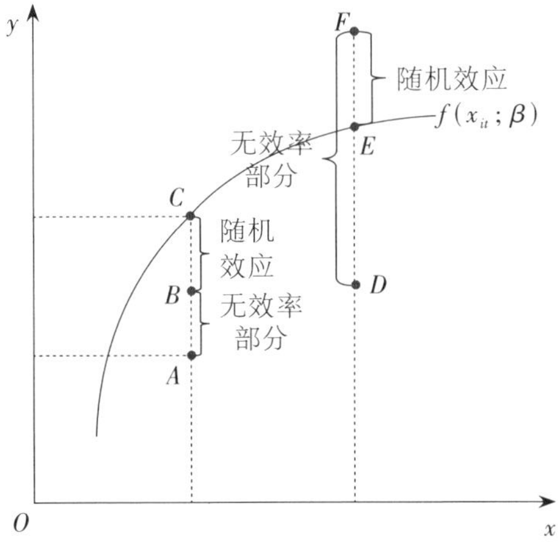

图 4-5　随机前沿分析

从实际的生产过程来看，判断生产企业的生产状况是在随机生产边界标准线之上还是之下，只需要看u_i的取值。故可以通过估计v_i和u_i的值来计算投入产出效率，此时个体i的效率为：

$$TE_i=\frac{E(y_i|u_i,\ x_i)}{E(y_i|u_i=0,\ x_i)}$$

$$=\frac{exp(x_i\beta-u_i)}{exp(x_i\beta)}=exp(-u_i) \tag{4-8}$$

1）基于非时变技术的面板随机前沿模型

假定有N（i=1，2，…，N）个生产者，分别观测时间T（1=1，2，…，T）期。非时变技术效率的柯布–道格拉斯随机前沿生产函数表示为：

$$\ln y_{it}=\alpha+\sum_k\beta_k\ln x_{nit}+v_{it}-u_i,\ u_i\geqslant 0 \tag{4-9}$$

式（4-9）中：v_{it}表示随机统计噪声项，在结构上与公式（4-7）中给出的随机边界类似，差别在于对产出、投入和统计噪声项添加了时间脚标；u_i表示技术无效项；y_{it}表示生产者的产出；x_{it}表示生产者的K个投入向量。式（4-9）假定技术不随时间变化，即在整个生产时期内生产者使用相同的生产技术，且各生产单元的影响为非负，代表了技术非有效性，即技术无效项。

（1）固定效应模型（the fixed-effects model）

为了使固定效应模型能运用于测算技术效率，我们假定$u_i \geq 0$，与自变量x_{it}或噪声项v_{it}相关，当u_i为固定项时，变成生产者特定的截距参数，可以与β_k同时被估计出来。$V_i \sim iidN$（0，σ_v^2），与自变量不相关。此时，式（4-9）可以通过OLS回归进行估计。

$$\ln y_{it} = \beta_i + \sum_k \beta_k \ln x_{nit} + v_{it} \tag{4-10}$$

其中，$\beta_i = \alpha - u_i$表示各生产单元的截距。截距可以通过三种模型估计：一是设非固定的α，直接估计出N个生产单元的截距；二是设一个固定的α，估计其余$N-1$个生产单元的截距；三是将所有数据表示成对于均值的偏差，I个截距作为各生产单元残差的均值。这三种方法均可以使用OLS方法估计模型参数。

各个生产者的技术效率的估计值为：$TE_i = exp(-u_i)$。其中，技术无效率项$\hat{u}_i = \hat{\alpha} - \hat{\alpha}_i$，$\hat{\alpha} = \max(\hat{\alpha}_i)$，$i = 1, 2, 3, \cdots, N$。从上述估计可见，其他生产者的技术效率均是相对于该完全效率生产者（其技术效率等于100%）而言的相对效率。

固定模型提供了因生产单元而异的、具有一致性的技术有效性的估计量。然而，固定效应u_i不仅捕获了所有不可观测的生产者的非时变固定效应，即技术有效性（$\alpha_i = \alpha - u_i$），同时也捕获了其他所有非时变但因生产单元而异的影响因素。

（2）随机效应模型（the random-effects model）

在随机效应模型中，u_i是具有恒定均值与方差分布的随机非负值，且与自变量v_{it}无关；同时，v_{it}的均值为零，方差恒定。模型中包含一些非时变的自变量，式（4-10）可改写成：

$$\begin{aligned}\ln y_{it} &= [\alpha - E(u_i)] + \sum_k \beta_k \ln x_{nit} + v_{it} - [u_i - E(u_i)] \\ &= \alpha^* + \sum_k \beta_k \ln x_{nit} + v_{it} - u_i^*\end{aligned} \tag{4-11}$$

其中，无效率u_i是随机的，故x_{nit}可非时变。此时可以采用标准的两步广义最小二乘法（GLS）来估计。先用OLS来求得所有参数的估计量，再用两步广义最小二乘法（GLS）重新估计α^*和β，之后将u_i^*从残差中分离出来，得到：

$$u_i^* = \frac{1}{T}\sum_t (\ln y_{it} - \hat{\alpha}^* - \sum_k \hat{\beta}_k \ln x_{kit}) \tag{4-12}$$

无效率项u_i的估计值为$\hat{u}_i = \max_i \left\{\hat{u}_i^{\ *}\right\} - \hat{u}_i^{\ *}$，各个生产者的技术效率估计值为$TE_i = exp(-\hat{u}_i)$。相较于固定效应模型而言，随机效应模型的假设更为严格，必须假设无效项u_i与回归元不相关，但与固定效应一样，其他生产者的技术效率均是相对于该完全效率生产者（其技术效率等于100%）而言的相对效率。此外，随机效应模型允许不随时间变化的回归元存在，故无效率项u_i的估计不会掺杂其他的影响因素，样本数量越大，其参数估计的有效性越大。

（3）极大似然估计（maximum likelihood estimate）

固定效应模型和随机效应模型估计不需要对无效项和误差项作强分布假定和独立性的假定。当无效项和误差项的分布和独立性具有如下假定时，就可以采用极大似然估计方法来估计技术效率：

① $v_{it} \sim iid\mathrm{N}(0, \sigma_v^2)$；

② $u_i \sim iid\mathrm{N}^+(0, \sigma_u^2)$，即$u_i$非负；

③ v_{it}和u_i相互独立；

④ v_{it}和u_i与解释变量x_i相互独立。

由上述假设可以看出，噪声项v_{it}是随时间变化的，而技术无效率项u_i独立于时间变化。对于N个生产单元在T时间段上的样本，对数似然方程可表示为：

$$\ln L = \text{constant} - \frac{N(T-1)}{2}\ln\sigma_v^2 - \frac{N}{2}\ln(\sigma_v^2 + T\sigma_u^2) + \sum_i \ln[1 - \phi(-\frac{u_i^*}{\sigma^*})] - \frac{\sum_i \varepsilon_i' \varepsilon_i}{2\sigma_v^2} + \frac{1}{2}\sum_i \ln(\frac{u_i^*}{\sigma^*}) \tag{4-13}$$

相对于所有参数使对数似然方程最大化，可求得α_v^2和α_u^2的最大似然估计值。

2）基于时变技术的SFA模型

时不变随机前沿模型假定生产者的技术效率不随时间变化。但在现实世界中，尤其是生产者处于充分竞争的环境中，生产者的生产技术效率无法在较长的时间内保持恒定，而将技术效率设定为时变会增加待估计参数的数量和难度。首先，要考虑技术效率不时变的设定形式是否依旧适用于技术效率时变的估算；其次，要考虑技术效率时变时的参数估计问题。考虑到上述两个问题，可以使用时变面板随机前沿模型估计方法。

同不变技术效率模型一样，时变技术效率模型也采用固定效应模型、随机效应模型和极大似然估计方法。从历史经验研究中发现，固定效应或者随机效应模型的测算方法并不常见，故重点介绍时变技术效率的极大似然估计方法。

Cornwell、Schmidt和Scikces（1990）等人率先提出用面板数据随机生产边界模型来估计时变性技术有效性。式（4-11）的非时变技术有效性模型可改写为：

$$\begin{aligned} \ln y_{it} &= \alpha_{0t} + \sum_k \beta_k \ln x_{nit} + v_{it} - u_{it} \\ &= \alpha_{it} + \sum_k \beta_k \ln x_{nit} + v_{it} \end{aligned} \tag{4-14}$$

其中，α_{0t}是生产边界截距，所有生产单元在t时间点上都是固定的。$u_{it} = \beta_t^* u_i$表示技术无效项，不仅会因个体产生差异，而且会随着时间的变化而变化，由此可见，基于时变技术的技术无效率项能更好地反映生产者的技术效率变化。$\alpha_{it}=\alpha_{0t}-u_{it}$是生产单元$i$在$t$时间点上的截距，其余变量同原有含义。

此外，学者Battese和Coelli（1992）提出了另一种时变技术效率模型：

$$y_{it}=x'_{it}\beta+\nu_{it}-u_{it}$$

$$i=1, 2, \cdots, N$$

$$t=1, 2, \cdots, T \tag{4-15}$$

其中：N为样本总量；u_{it}为非负随机变量，衡量生产中的技术无效率，并服从截断于零的正态分布，即$u_{it}\sim N^{+}(0, \sigma_u^2)$；$v_{it}$为随机游走变量，它通常被假定为具有独立一致分布，且服从正态分布$N(0, \sigma_v^2)$。

在时变的技术有效性模型中，时间标识变量包含在自变量中，可将技术变化效应从技术效率变化的效应中分解出来。Battese和Coelli（1995）对该模型进行了改进，并使之可以同时处理平衡或不平衡的面板数据，具体如下：

$$y_{it}=x'_{it}\beta+\nu_{it}-u_{it}$$

$$i=1, 2, \cdots, N$$

$$t=1, 2, \cdots, N$$

$$Tu_{it}=Z_{it}\times\delta+w_{it} \tag{4-16}$$

Z_{it}为一组实际因素变量，主要用以解释个体之间的效率差异；δ为一组相应的待估计参数；u_{it}为正态分布$N(\delta Z_{it}, \sigma_u^2)$在零点的右截断；$w_{it}$为正态分布$N(0, \sigma_u^2)$在点$\delta Z_{it}$的右截断；$y_{it}$、$x_{it}$以及$\beta$的含义均与上文保持一致。

4.1.3 SFA模型与DEA模型的比较分析

1）SFA模型与DEA模型的共同点

SFA模型与DEA模型都是基于距离函数的前沿度量方法，均使用技术效率度量效率，在样本内部具有很强的可比性，但在不同样本间其效率值可比性不强。由此可见，技术效率是一个相对效率。

2）SFA模型与DEA模型的不同点

（1）基本假设和模型扩展的复杂程度不同

相较而言，SFA模型的基本假设较为复杂，需要考虑生产函数、技术无效率项分布的具体形式。由于SFA模型合成误差项的密度函数形式复杂，相应的似然函数会更加复杂，因此参数估计的计算会非常困难，很难进一步对模型进行扩展。此外，由于SFA模型假设较为复杂，因此对投入、产出的数据要求较高，若投入、产出的数据不符合模型基本假设，则易出现偏度问题而最终导致计算失败。

相比之下，DEA模型则不需要考虑生产前沿的具体形式，仅需要投入、产出数据，模型容易作其他形式的扩展，目前已有数十种DEA模型，如SBM-DEA模型、超效率DEA模型等。

（2）对实际产出的解释和处理方法不同

SFA模型将实际产出分为生产函数、随机因素和技术无效率三部分，考虑了随机因素对产出的影响。DEA模型则将实际产出分为生产前沿和技术无效率两部分，把实际产出小于前沿产出的原因全部归结于技术效率，忽略了随机因素对于产出的影响。但DEA模型可以直接处理多产出情况，而SFA模型则需要将多产出合并成一个综合产出，或者利用距离函数处理多产出问题，因此SFA模型的计算更为复杂。

（3）生产前沿函数构造方法不同

SFA模型可以利用生产函数和随机扰动项构造出随机生产前沿，根据所有周期的数据构造出一个统一的生产前沿，并通过极大似然法估计出各个参数值，使用技术无效率项的条件期望作为技术效率值，一般不会有效率值为1的决策单元。SFA模型使用极大似然估计法估计出的参数具有大样本的相合性，因此，SFA模型更适合大样本计算，并可对结果进行相应的统计检验或者求相应的置信区间。

DEA模型则是根据各决策单元的投入产出数据，选出一个或几个决策单元作为技术有效点，每个周期需构造一个生产前沿，通过线性规划计算出效率值，通常至少有一个效率值为1的决策单元。此外，若样本容量很大，样本可能会因不满足线性规划的一些基本假设而导致DEA模型计算失败，故DEA模型更适合小样本数据。

（4）结果的稳定性不同

从方法论视角来看，SFA模型先使用极大似然估计法来估计各个参数，再用条件期望最终计算出各个决策单元的技术效率，该方法平等地对待每个样本，并充分利用每个样本的信息以确保数据的准确性。因此，SFA模型的计算结果较为稳定，不易受异常点的影响。即使某一周期的数据整体都有异常，对全部结果的影响也不会很大。

DEA模型的计算结果稳定性较差，容易受异常点的影响。由于DEA模型主要通过技术有效的样本来构造前沿，因此这些样本的信息决定了前沿面的形状，通常对整体的计算结果会产生较大的影响。

（5）相关经济信息的可获得性不同

除了能够计算技术效率外，SFA模型还可通过参数值求出投入的产出弹性和规模报酬；而在DEA的BCC模型中，可求出规模效率和规模报酬。

（6）效率影响因素的分析方法不同

在计算出技术效率后通常会进一步分析影响效率的因素。SFA模型只需将技术无效率项表示成影响因素的线性形式，在原有模型中即可完成对影响因素各个参数的估计。DEA模型则通常需要分两阶段进行分析：第一阶段是计算其技术效率；第二阶段是以技术效率为因变量，以影响因素为自变量，通过二元离散选择模型进行分析。因此，在分析影响效率因素上，SFA模型更为方便。

通过上述比较分析可知，SFA模型与DEA模型在诸多方面存在差异，具有优缺点互补的特点。对于同一问题，当用SFA模型和DEA模型分别度量时，其结果会有差异。国内外学者普遍用等级相关系数作为判断这种差异是否可接受的主要依据。如果差异较大，并且不好判断哪种方法更好时，可将两种方法或两种方法的度量结果综合起来。

4.2 商业银行效率测算模型构建

4.2.1 商业银行效率测算常用方法

商业银行效率测度方法主要有两种：

（1）指标分析法，即通过财务指标研究银行效率，主要是指从安全性、盈利性、流动性方面考察商业银行防范经营管理风险、创造流动性的能力，选取的指标有资产收益率（ROA）、净资产收益率（ROE）等。

（2）前沿分析法，其原理为用样本银行与效率前沿银行（在既定技术水平和相同市场条件下达到最佳效率的银行）的偏离程度来评估银行效率，两者越接近，效率越高。根据是否需要设定前沿生产函数，前沿分析法可分为参数法和非参数法。非参数法包括数据包络分析法（DEA）和无界分析法（FDH）等；参数法包括随机前沿方法

（SFA）、自由分布法（DFA）、厚前沿方法（TFA）和递归厚前沿法（RTFA）等。

指标分析法的优点是操作简便，数据易于获取，但忽略了银行的多元化经营，不能全面反映银行的投入和产出情况；不能区分银行效率与规模效应、风险因素、市场结构等外部因素的影响；不能确定银行效率的最优水平，只能进行相对比较，而且比较结果可能因为指标的选择而不同。由于指标分析法无法准确反映不同投入和产出对效率的相对重要性，也无法揭示不同要素之间的相互影响，因此仅适用于短期效率衡量，无法准确描述银行的长期实际效率。

数据包络分析法（DEA）可以充分利用多维数据信息，避免了指标分析法的局限性；不需要假设投入和产出之间的函数关系，也不需要假设误差项的分布形式，具有较强的适应性，可以识别出效率最高的银行作为参照组，也可以识别出效率低下的银行。然而，由于非参数方法没有考虑统计噪声，可能导致效率的估计结果存在偏差。DEA模型假设所有银行都处于同一种技术条件下，面临相同的外部环境，忽略了市场结构、政策制度、风险偏好、技术进步和技术差异等因素对银行效率的影响。此外，DEA模型对数据质量的要求较高，如果数据存在异常值、测量误差或者多重共线性等问题，会导致结果失真或者不稳定。

随机前沿方法（SFA）考虑到银行利润受银行自身管理水平和外部随机干扰两个因素影响，将随机干扰分为两部分：一部分是由外部环境因素导致的非系统性误差；另一部分是由银行内部管理不善导致的技术无效性。SFA模型准确区分无效率项和随机误差项，确保测算效率值更加精准，并且可以估计出银行的最大可能利润和效率。但是，随机前沿分析法也存在一些缺点，如：需要指定生产函数或成本函数的具体形式，可能存在模型设定偏误；需要区分随机误差项和非随机误差项，可能存在误差项分解偏误；不能区分规模效率和配置效率等。

4.2.2 SFA模型的修正

尽管SFA模型在银行效率测算中有着广泛的应用和发展，但也存在一些问题和挑战，主要体现在以下几个方面：①如何选择合适的投入和产出变量，以及如何处理数据质量和可得性问题；②如何确定合理的假设条件，以及如何检验假设条件是否成立；③如何处理随机误差项中包含的非系统性误差和技术无效性之间可能存在的相关性问题；④如何评价SFA模型与其他测算方法之间的优劣性和适用性；⑤如何将SFA模型与其他理论或实证研究相结合，以提高研究的深度和广度。

针对以上问题，学者们开展了全方位的研究：

（1）引入非参数化方法进行交叉检验（徐传谌等，2007）。SFA模型虽然可以充分利用数据信息，但也依赖于生产函数的假设形式，如果选择不当，可能导致估计结果的偏差。因此，为了提高测算结果的可信度，可以采用非参数方法，如DEA模型，进行交叉检验。通过比较SFA模型和DEA模型的测算结果，可以检验SFA模型的合理性和稳健性，提高其在银行效率测算中的适用性、准确性和有效性。

（2）考虑环境变量和非许可输出的影响（张健华和王鹏，2009；周晶和陶士贵，2019；封思贤和郭仁静，2019）。SFA模型在测算银行效率时，通常只考虑银行自身的投入和产出变量，忽略了外部环境因素和非许可输出对银行效率的影响。为了更准确地测算银行效率，需要将市场竞争程度、金融监管政策、宏观经济状况、不良贷款、风险暴露等变量纳入SFA模型中，有两种主要的方法：一种是将环境变量和非许可输出作为协变量加入随机扰动项中，通过协方差分析来估计它们对银行效率的影响；另一种是将环境变量和非许可输出作为调整项加入投入或产出变量中，通过调整后的投入或产出来测算银行效率。例如，周晶和陶士贵（2019）考虑了非期望产出不良贷款和权益资本净投入，更准确地测算出银行效率；封思贤和郭仁静（2019）考虑了风险因素，采用随机前沿法测算了风险调整后的银行效率。

（3）采用动态面板数据模型进行动态测算（王晓娟等，2018）。SFA模型在测算银行效率时，通常采用静态面板数据模型，忽略了时间序列信息和动态调整过程。然而，在实际情况中，银行的生产技术和经营策略可能随着时间而发生变化，导致生产函数参数也会发生变化。因此，为了更真实地反映银行效率的动态特征，需要采用那些考虑了滞后因素和固定效应的动态面板数据模型进行动态测算，既可以捕捉到银行效率随时间而变化的趋势和波动，又可以控制个体间的异质性。

4.2.3 基于超越对数距离函数构建利润效率测算模型

考虑到银行规模、业务模式以及应对政策监管方式等因素对银行效率产生的不同影响，无效率项的均值和方差有所差异，不同类型银行的无效率项分布会随着影响因素和时期变化而发生改变。故本书将无效率解释项和个体异质性予以区分，并允许无效率项非单调变化，将误差项分解为体现银行个体异质性的固定效应、随时间变化的无效率项和随机误差项，并通过对无效率项作进一步假设，解决模型估算中存在的冗余参数问题。具体前沿生产函数如下：

$$y_{it} = \alpha_i + x_{it}'\beta + \varepsilon_{it}$$

$$\varepsilon_{it} = \nu_{it} - u_{it} \tag{4-17}$$

无效率解释项为：

$$u_{it} = g_{it} \times u_{it} = f(z_{it}\delta) \times u_{it} \tag{4-18}$$

其中：y_{it}表示银行i在时期t的产出水平；x'_{it}为银行投入要素向量；β为投入要素向量的待估参数；v_{it}为随机误差项；u_{it}为银行的无效率项；α_i表示银行i不随时间变化的个体效应；g_{it}是银行个体特征变量z_{it}的函数，无效率项u_{it}等于个体效应α_i和时间效应g_{it}相乘；δ为函数g_{it}中的待估参数，效率可以表示为$exp(-u_{it}) \in [0, 1]$，取值越接近于1表示利润效率越高。

商业银行追求风险和收益的动态平衡，通过流动性创造，在实现资金的跨期限、跨空间、跨地域配置过程中追求利润，关注产出水平，以利润最大化为目标。因此，本书在测算银行效率时选取产出定位的距离函数，其基本定义如下：

$$D_0(x, y) = \min\left[\theta:(\frac{y}{\theta}) \in P(x)\right] \tag{4-19}$$

其中：x为银行的投入向量；y为银行的产出向量；$D_0(x, y)$为产出距离，即银行实际产出与最优产出之间的距离；$P(x)$为银行个体的生产边界，即在投入一定的条件下，测度产出向量能够收缩的最大比例；θ为产出向量收缩系数，取值范围为$[1, +\infty)$，反映银行个体的效率与前沿效率之间的差距。当$\theta=1$时，表示该银行投入为x时，产出组合已达到目前效率水平下的最大产出水平。θ越大，银行个体效率离最优效率越远，产出越小。

根据Lovell（2016）的定义，对于产出向量y来说，$D_0(x, y)$应满足非减、正齐次性、凸性三个条件。对于投入向量x来说，则应满足非增条件。如果产出y落在生产可能性集合$P(x)$内，$D_0(x, y)$的取值小于1；如果产出y落在生产可能性集合的边界上，$D_0(x, y)$的取值等于1。

与此同时，生产函数对效率测算的影响较大，学术界常使用超越对数函数和柯布-道格拉斯两种生产函数。相较柯布-道格拉斯生产函数而言，超越对数函数更灵活，不仅考虑了变量之间的交叉关系，而且测算出的效率值更加真实可靠且易于与同期数据比较。此外，柯布-道格拉斯生产函数实质上是超越对数函数的一种特殊形式。因此，本书选取超越对数形式的产出定位距离函数：

$$\begin{aligned}\ln D_0(x_{it},\ y_{it},\ t) = {} & \alpha_0 + \sum_{m=1}^{M}\alpha_m \ln y_{mit} + \frac{1}{2}\sum_{m=1}^{M}\sum_{n=1}^{N}\alpha_{mn}\ln y_{mit}y_{nit} + \sum_{k=1}^{K}\beta_k \ln x_{kit} + \\ & \frac{1}{2}\sum_{k=1}^{K}\sum_{l=1}^{L}\beta_{kl}\ln x_{kit}x_{lit} + \sum_{k=1}^{K}\sum_{m=1}^{M}\gamma_{km}\ln x_{kit}y_{mit} + \theta_t t + \frac{1}{2}\theta_{tt}t^2 + \\ & \sum_{k=1}^{K}\delta_{kt}\ln x_{kit}t + \sum_{m=1}^{M}\varphi_{mt}\ln y_{mit}t\end{aligned} \tag{4-20}$$

其中：i为银行个体；t为时期；D_0（x_{it}，y_{it}，t）为t时期银行的产出距离函数；x_k（k=1，2，…，K）和y_m（m=1，2，…，M）分别代表了第k个投入量和第m个产出量；t=1，2，…，T为时间趋势；α_0、α_m、α_{mn}、β_k、β_{lk}、γ_{km}、θ_t、θ_{tt}、δk_t和φ_{mt}均为待估计参数。

要满足对称性，需要设α_{mn}=α_{nm}（m，n=1，2，…，M），β_{kl}=β_{lk}，（k，l=1，2，…，K）。

要满足投入变量的正齐次性，要对产出距离函数添加线性约束条件，使：$\sum_{k=1}^{K}\beta_k = 1$，$\sum_{l=1}^{K}\beta_{kl} = 0$，$\sum_{k=1}^{K}\gamma_{km} = 0$，$\sum_{k=1}^{K}\delta_{kt} = 0$。

为实现对产出变量的齐次性限制，对产出变量y_i进行标准化处理，即对所有产出变量同时除以某一特定产出y_{Mit}，得到：

$$D_0(x_{it},\ \frac{y_{it}}{y_{Mit}},\ t) = \frac{D_0(x_{it}y_{it},\ t)}{y_{Mit}} \tag{4-21}$$

其中，$y_{Mit}{}^{*}=\frac{y_{it}}{y_{Mit}}$为标准化处理后的产出变量。

对式（4-21）两边取对数，整理得到：

$$\ln y_{Mit} = -\ln D_0(x_{it},\ \frac{y_{it}}{y_{Mit}},\ t) + \ln D_0(x_{it},\ y_{it},\ t) \tag{4-22}$$

将式（4-5）代入式（4-7），整理得到：

$$\ln y_{Mit}=\ln D_0(x_{it},\ y_{it},\ t)-\alpha_0-\sum_{m=1}^{M-1}\alpha_m\ln y_{mit}^*-\sum_{k=1}^{K}\beta_k\ln x_{kit}-\frac{1}{2}\sum_{m=1}^{M-1}\sum_{n=1}^{M-1}\alpha_{mn}\ln y_{mit}^*\ln y_{nit}^*-\frac{1}{2}\sum_{k=1}^{K}\sum_{l=1}^{K}\beta_{kl}\ln x_{kit}x_{lit}-\sum_{k=1}^{K}\sum_{m=1}^{M-1}\gamma_{km}\ln x_{kit}y_{mit}^*-\theta_t t-\frac{1}{2}\theta_{tt}t^2-\sum_{k=1}^{K}\delta_{kt}\ln x_{kit}t-\sum_{m=1}^{M-1}\varphi_{mt}\ln y_{mit}^*t \tag{4-23}$$

其中，设$y_{mit}^*=\dfrac{y_{it}}{y_{Mit}}$，$u_{it}=-\ln D_0(x_{it},\ y_{it},\ t)$为技术无效率项，并在式(4-23)中加入随机项$v_{it}$，得到基于超越对数生产函数的随机前沿模型：

$$\ln y_{Mit}=\ln D_0(x_{it},\ y_{it},\ t)-\alpha_0-\sum_{m=1}^{M-1}\alpha_m\ln y_{mit}^*-\sum_{k=1}^{K}\beta_k\ln x_{kit}-\frac{1}{2}\sum_{m=1}^{M-1}\sum_{n=1}^{M-1}\alpha_{mn}\ln y_{mit}^*\ln y_{nit}^*-\frac{1}{2}\sum_{k=1}^{K}\sum_{l=1}^{K}\beta_{kl}\ln x_{kit}x_{lit}-\sum_{k=1}^{K}\sum_{m=1}^{M-1}\gamma_{km}\ln x_{kit}y_{mit}^*-\theta_t t-\frac{1}{2}\theta_{tt}t^2-\sum_{k=1}^{K}\delta_{kt}\ln x_{kit}t-\sum_{m=1}^{M-1}\varphi_{mt}\ln y_{mit}^*t+v_{it}-u_{it} \tag{4-24}$$

将式（4-24）进行变换，得到基于超越对数距离函数的非单调异质性随机前沿函数（4-25）和无效率函数模型（4-26）：

$$-\ln y_{Mit}=\alpha_i+\sum_{m=1}^{M}\alpha_m\ln y_{mit}^*+\sum_{k=1}^{K}\beta_k\ln x_{kit}+\frac{1}{2}\sum_{k=1}^{K}\sum_{l=1}^{L}\beta_{kl}\ln x_{kit}x_{lit}+\sum_{k=1}^{K}\sum_{m=1}^{M}\gamma_{km}\ln x_{kit}y_{mit}^*+\theta_t t+\frac{1}{2}\theta_{tt}t^2+\sum_{k=1}^{K}\delta_{kt}\ln x_{kit}t+\sum_{m=1}^{M}\varphi_{mt}\ln y_{mit}^*t+v_{it}-u_{it} \tag{4-25}$$

$$g_{it}=\varphi_1 z_1+\varphi_2 z_2+\varphi_3 z_3 \tag{4-26}$$

最后，对上述基于产出定位的超越对数距离函数随机前沿模型采用极大似然估计（ML）法来估计模型参数，最终得到技术效率：

$$TE_{it}=E[\exp(-u_{it})|(v_{it}-u_{it})]=\exp(-u_{it}) \tag{4-27}$$

4.3 商业银行利润效率测算指标选取

效率不仅受到投入和产出的影响，还会受到其他因素的影响，如技术进步、规模经济及生产管理等。著名美国经济学家瓦西里·列昂剔夫认为投入与产出是一种相互依存的关系。其中，“投入”指为了实现企业的目标而进行的各种有形资源和无形资源的消耗，如材料、土地、劳动者的精力消耗等。“产出”则是指通过这些消耗所能实现的并且得到的相应结果，这种结果不仅包括有形的如产成品之类的可以看见的实物，同时也包括一些无形的只能靠感受来感知的服务等。由此可见，效率与投入、产出分别呈反比和正比的关系。

通过对以往学者选择的投入和产出指标进行总结，常用的方法为生产法、资产法、中介法、增加值法、客户成本法等一种或多种结合的方法。资产法和中介法能同时考虑到不同金额存贷款账户创造价值的不同，以及银行较为重要的其他业务收支；而其他方法却未能涵盖上述内容。因此，本书综合了资产法和中介法的投入产出指标选择，同时参考刘妍（2024）的做法，选取了两个投入指标、两个产出指标和两个影响因素来测度商业银行的效率，具体指标说明见表4-1。

表4-1 **投入产出指标选取**

指标分类	指标名称	符号	指标内容
投入指标	营业支出	x_1	税金及附加+业务及管理费+资产减值损失+其他业务成本
	利息支出	x_2	吸收存款利息+同业及其他金融机构存放和拆入资金利息+已发行债券利息
产出指标	利润总额	y_1	利润总额
	贷款及垫款总额	y_2	客户贷款及垫款净值
影响因素	人力投入回报率	z_1	净利润/员工薪酬福利总额×100%，反映银行的员工生产力
	所得税/利润总额	z_2	银行所得税/利润总额，反映银行的营运能力

4.3.1 投入指标

1）营业支出

营业支出是企业在日常经营活动中不可避免的一项开支。它可以看作企业生产与经营的燃料，是保障企业顺畅运营并获得成功的关键要素之一。因此，企业在预算营业支出时需要结合自身特点进行科学合理的规划与决策。只有对营业支出掌握得当，企业才能够更好地应对市场的变化与挑战。银行作为金融机构，为个人和企业提供了多样化的金融服务，在其经营业务活动中所涉及的各种开支，统称为银行的营业支出。银行的营业支出主要包括税收和附加费用、业务和管理费用、资产减值损失以及其他相关业务成本。

税收和附加费用是指银行在经营过程中按流转税法规定缴纳的税金和附加，包括营业税、城市维护建设税、教育费附加等。

资产减值损失指由于资产的可回收价值未达到其账面价值而导致的经济损失，包括已经计入当期损益的各项资产减值损失和由于各种原因未达到预计可提取或尚未达到摊销标准而形成的资产减值损失。根据最新的会计准则规定，资产减值的范围主要涵盖固定资产、无形资产以及其他非特别规定的资产减值处理。根据资产减值准则，固定资产、无形资产等的减值准备计提后可转回，但一旦确认为减值损失，则在以后的会计期间不得再转回，从而消除了一些企业通过计提秘密准备来调节利润的可能性，限制了利润的人为波动。

业务管理费是指银行在业务管理过程中直接发生的有关费用。业务管理费具体包括电子设备运转费、钞币运送费、安全防卫费、保险费、邮电费、劳动保护费、外事费、印刷费、公杂费、出纳费、低值易耗品摊销费、差旅费、水电费、租赁费（不包括融资租赁费）、修理费、税金、会议费、诉讼费、公证费、咨询费、无形资产摊销（不包括自行开发的无形资产摊销）、递延资产摊销、其他资产摊销、取暖费、审计费、技术转让费、研究开发费、绿化费、职工工资、职工福利费、职工教育经费、工会经费、待业保险费、劳动保险费、董事会费等。

其他业务成本是指银行办理其他业务时所支付的各种费用，如融资租赁费、咨询费、折旧费等。

2）利息支出

利息支出指临时借款的利息支出。在采用收付实现制作为记账基础的前提下，开支是以实际付款为标准，即资金流出。银行利息支出是指银行向社会、个人、其他企业事业单位以负债形式筹集的资金按规定提取、支付的利息，包括支付给单位和个人的存款利息、吸收存款利息、同业及其他金融机构存放和拆借资金利息和已发行债券利息。

4.3.2 产出指标

1）利润总额

利润总额是指企业在一定会计期间内，通过经营活动所形成的利润总量。它包含了经营收入扣除经营费用、税费后的剩余收益，是企业取得经济效益的最终结果，反映企业的经营状况和经营能力，是评价企业经济效益水平的重要指标。

银行利润总额是指银行在一定期间经营业务取得的损益总额，包括营业利润、投资收益、营业外收支净额三项。银行利润总额高说明银行的盈利情况较好，反之则说明银行的盈利情况较差。

2）发放贷款及垫款

银行、信用合作社等机构将资金以各种形式借给单位或个人以满足他们的融资需求。广义的贷款包括贷款、贴现和透支等。通过贷款方式，银行将集中的货币和资金投放出来，满足扩大再生产的资金需求，促进经济发展，同时也能获得贷款利息收入，增加银行自身的资本积累。发放的贷款多说明银行的经营好，收入来源广。

当客户无力支付到期款项时，银行不得不使用自有资金来代为支付，这种行为被称为垫款。由于银行是被动代付，且客户的无力支付通常不是由暂时资金周转不足引起的，而是其经营管理困境和财务恶化所导致的，因此，垫款被列为银行的不良资产。银行的垫款多说明其贷款中的坏账比较多。

4.3.3 影响因素

1）人力投入回报率

人力资源方面的投入包括招聘费用、员工培训、薪酬福利等，人力资本投资回报率是衡量人力资本投资回报的指标，反映商业银行在人力资本上每投入1元所获得的回报，体现其在人力资源方面投入与产出的效率以及员工的生产力水平。商业银行可以通过改变薪酬方式、福利方式、工作待遇与环境、提供学习机会、提供股权等方式提高人力资本投资回报。

2）所得税与利润总额的比值

企业所得税是我国政府对境内企业的生产经营收入和其他收入征收的一种税收。具体计算公式为：企业所得税应纳税额=应纳税所得额×适用税率−减免税额−抵免税额。

其中，应纳税所得额=收入总额−不征税收入−免税收入−各项扣除−允许弥补的以前年度亏损。

利润总额与所得税的关系为：净利润=利润总额−所得税费用。

所得税与利润总额的比值越大，银行的营运能力越强。

4.4 我国商业银行利润效率测算及结果分析

本书选取2012—2022年我国64家商业银行的年度数据，剔除数据部分缺失值后，共得到457个样本观测值，样本共包括6家国有商业银行、11家股份制银行、36家城市商业银行、11家农村商业银行。样本数据从Wind数据库中获取，部分数据通过查找银行年报并手工整理得到。所有数据处理均使用Stata17.0。

利润效率的各变量描述性统计见表4-2。考虑到银行间存在异质性，为消除营业支出、利息支出、税前利润总额、发放贷款以及垫款总额的量级过大的问题，本书对上述4个变量进行对数处理。其他各变量都没有出现异常值，标准差较小，说明数据选取较为合理。

表4-2 效率的变量描述性统计

指标名称	观测值	均值	标准差	最小值	最大值
$\ln x_1$	457	5.00	1.765	0.7096	8.5549
$\ln x_2$	457	5.38	1.662	0.8795	8.6771
$\ln y_1$	457	4.49	1.984	−3.3406	8.3544
$\ln y_2$	457	8.12	1.728	3.7665	11.8370
z_1	457	217.14	106.735	−523.9968	1 300.427
z_2	457	−5.13	274.459	−4 401.078	43.5135

商业银行利润效率的测算结果见表4-3，大多数变量的系数显著，说明测算方法可靠，测算结果有效，利润效率数值能够较为准确地反映银行的真实效率，模型可信度高。其中，在无效率函数方面，员工生产力、营运能力两个影响因素的回归系数均在1%的水平上显

著为正，说明二者对银行效率有较大的影响。

表4-3 **效率测算结果**

变量	系数	变量	系数
x_1	0.037 (0.20)	$0.5t^2$	-0.003** (-2.03)
x_2	-0.597*** (-2.70)	x_1t	0.043*** (6.05)
$0.5x_1^2$	-0.006 (-0.09)	x_2t	-0.039*** (-4.92)
$0.5x_2^2$	-0.019 (-0.25)	$(y_2/y_1)\ t$	-0.002 (-0.45)
x_1x_2	0.023 (0.33)	z_1	0.002*** (5.29)
y_2/y_1	-0.006 (-0.08)	z_2	0.012*** (2.96)
$0.5\ (y_2/y_1)^2$	0.125*** (14.57)	vsigmas	-4.645*** (-59.88)
$x_1\ (y_2/y_1)$	-0.172*** (-4.24)	usigmas	-2.656*** (-2.69)
$x_2\ (y_2/y_1)$	0.174*** (3.74)	N	457
t	-0.047* (-1.78)		

注：括号里报告的是t值；***、**、*分别表示在1%、5%、10%的水平上显著，下表同。

不同属性的商业银行2012—2022年的利润效率结果见表4-4。

表4-4　2012—2022年我国不同属性的商业银行的利润效率

年份	所有样本	国有银行	股份制银行	城商行	农商行
2012	0.5575	0.4428	0.5297	0.5891	0.7799
2013	0.5464	0.5529	0.5318	0.5388	0.7777
2014	0.5508	0.4413	0.5378	0.5473	0.7813
2015	0.5786	0.4451	0.5436	0.6287	0.6948
2016	0.5625	0.4578	0.5586	0.5666	0.6335
2017	0.5763	0.4709	0.5728	0.5917	0.6144
2018	0.5912	0.5047	0.5836	0.6072	0.6139
2019	0.5998	0.5016	0.5840	0.6209	0.6108
2020	0.6238	0.5042	0.5984	0.6467	0.6414
2021	0.6323	0.5066	0.5867	0.6634	0.6337
2022	0.6317	0.5161	0.5928	0.6595	0.6397

整体来看，2012—2022年我国商业银行的总体利润效率水平欠佳，仍有较大提升空间。其中，除了农商行以外，其他类型的商业银行利润效率总体呈上升趋势。究其原因：第一，农商行主要依托属地化经营模式，资金端依赖区域存款，资产端聚焦本地小微企业及个人客户，而小微企业普遍存在财务信息不透明、抵质押物覆盖率不足等特征，导致不良贷款率较高，加剧资产质量风险；第二，农商行受监管属地限制，偏远地区金融服务覆盖不足，存在金融服务真空，导致部分地区由于银行业竞争缺失而效率低下；第三，农商行的业务结构单一，仍以传统信贷、结算等业务为主，缺乏财富管理等高附加值产品，难以满足现有多元化的金融产品和服务需求，导致客群流失。

股份制银行因业务创新能力强、组织灵活，利润效率一直保持较高的利润效率水准，但近年来受到诸多因素的冲击，利润效率一度出现回落，显得后劲不足。

国有银行利润效率水平相对较低，主要是因为其规模庞大和架构复杂，同时作为国家直接管控的金融企业，需要承担一定的社会责任，无法将追求利润作为唯一目标。

城市商业银行则通过不断调整、拓宽、发展中间业务，积极结合自身特点、发展路径确立特色化定位，利润效率有赶超国有银行与股份制银行的趋势。

4.5 本章小结

本章构建了符合银行特质的基于超越对数生产函数的多投入多产出的SFA利润测算模型，并选取营业支出和利息支出作为投入指标，税前利润总额和贷款及垫款总额作为产出指标，并考虑了员工生产力和营运能力对银行利润效率的影响。利润效率测算结果表明我国商业银行的整体效率水平仍有较大的提升空间。其中，股份制银行效率一直保持较高水准，城市商业银行效率增速较快，甚至出现了赶超国有银行与股份制银行的势头。该结果合理且符合实际情况，说明模型测算结果有效，能较为准确地反映银行的真实效率。

5

商业银行践行ESG对利润效率的直接影响

5.1 理论分析与研究假设

近年来，国内外市场和监管部门对企业ESG表现的关注度持续提高，践行ESG理念逐渐成为银行未来发展的价值共识，促使商业银行更加重视环境、社会、公司治理等非财务指标的评估。当前，ESG表现已成为商业银行治理和管理工作的有机组成部分，是追求稳健可持续发展以及实现经济效益、社会效益和生态效益有机融合目标的重要抓手。

5.1.1 影响机理分析

1）商业银行参与环境保护对利润效率的影响

（1）绿色信息披露视角

商业银行既是金融体系的主体，也是环境保护的重要参与者，只有主动担起环境保护的社会责任，遵守可持续发展原则，促进绿色金融和环境信息披露的协同实践，才能更好地寻出路、谋发展。

首先，有效的环境信息披露有助于推动绿色金融高质量发展。一方面，有效的环境信息披露可以发挥积极的引导作用，促进商业银行将更多资源配置到绿色低碳领域，持续优化资产结构，丰富产品与服务体系，妥善处置环境与社会风险，形成差异化的竞争优势；另一方面，能有效降低信息的不对称性，提高市场透明度，防范“漂绿”风险，对商业银行的自身运营及投融资活动形成有效制约，对其塑造可持续发展的社会形象和提升品牌影响力发挥积极作用。

商业银行的ESG信息披露应包括碳排放、节水节电、绿色运营、绿色办公、绿色责任荣誉等与环境保护相关的内容，能直观展现商业银行在支持国家产业政策和环保政策、节约资源、保护和改善自然生态环境、支持社会可持续发展方面作出的贡献，有利于商业银行树立良好的公众形象，降低气候风险对银行经营稳健性的影响，促进利润效率提升。

其次，绿色金融的快速发展可为环境信息披露提供有力支持。绿色金融的发展体现在商业银行经营管理的多个环节，包括治理架构、战略政策、业务发展、风险管理、绿色运营等方面。商业银行推动绿色金融发展为建立有效的环境信息披露机制提供保障。例如，顺应国家政策导向，实施绿色信贷政策，可以改善银行的信贷风险管理，加固风险韧性，对银行成本效率产生正向影响（丁宁等，2020；Kumar et al.，2021）；描述董事会和管理层在绿色金融发展方面的职责，介绍商业银行识别、评估、管理和控制环境风险方面的流程等，可以从定性维度为环境信息披露提供素材；公布绿色金融增长的目标和指标、测算商业银行温室气体排放量等，可以从量化维度充实环境信息披露的相关内容。

（2）资金来源和使用视角

大力发展绿色金融，加强绿色金融业务拓展与产品创新，以金融手段支持和促进生态环境保护和经济增长绿色低碳转型，是提升银行利润效率的重要抓手。银行在信贷活动中，把符合环境检测标准、满足污染治理要求和利于生态保护作为信贷审批的重要前提，通过差异化定价引导资金向环保的产业、企业流动，有利于赢得政府部门的支持和监管部门的信任，为提升利润效率创造环境。

相较于传统信贷而言，绿色信贷具有更为明确的政策目标，是对国家环保政策和产业政策的传导，是国家通过金融手段进行环保调控的体现，也是商业银行践行ESG理念的具体措施。在审查审批、贷后管理过程中，环保合规、生态保护、污染治理和环境提升是绿色信贷的首要考虑因素，商业银行对符合政策的绿色企业进行资金支持，对不符合政策的企业进行授信控制，通过内化环境污染的负外部性，引导银行信贷资金合理配置，从资金层面促使企业承担环保责任，以实现国家整体节能减排、绿色环保的目标。

从资金来源端看，中国人民银行的专项政策性资金、低碳专项再贷款、绿色债券等均是低成本绿色信贷的重要供给来源。首先，中国人民银行将绿色贷款纳入信贷政策支持再贷款、常备借贷便利（SLF）、中期借贷便利（MLF）等工具的合格信贷资产担保品框架，意味着持有绿色信贷的商业银行可以通过多种货币政策工具获得央行提供的较低成本的担保融资，进而使绿色信贷资产具有一定质权，提高了商业银行对绿色信贷的资源配置偏好和放贷意愿，起到风险缓释作用。其次，中国人民银行联合国家发改委、生态环境部创设碳减排支持工具，向碳减排重点领域内的企业提供碳减排贷款，利率为1.75%，低于吸收存款利率，并按贷款本金的60%提供资金支持，拓宽银行低成本资金渠道。再次，根据联合资信评估股份有限公司发布的《2023年度绿色债券运行报告》，2023年我国共有128期绿色债券的发行利率低于一般债券，发债成本相对较低，商业银行可对绿色债券暂时闲置的募集资金进行现金管理，投资于安全性高、流动性好的产品，如国债、政策性银行金融债、地方政府债等，进行流动性创造，提高银行利润效率。

从资金使用端看，绿色信贷重点支持节能环保、清洁生产、清洁能源、生态环境、基础设施绿色升级和绿色服务六大类产业。相较于一般贷款，绿色信贷具有风险因素多、投资回收期长、短期收益低等特征。首先，由于绿色信贷较传统信贷业务要求高、审核严，申请过程更为复杂，且不良贷款率较低，可以相对减少银行的风险加权资产，降低资本消耗，减少损失。其次，开展绿色信贷业务的银行更容易建立积极的社会形象，增加客户黏性，吸收更多存款，增加长期可用稳定资金。

（3）业务拓展视角

首先，绿色信贷是新兴的金融业务，商业银行可以借助绿色信贷同步发展融资咨询、财务顾问等表外业务，增加商业银行的非利息收入，拓宽收入渠道，从而提升银行利润效率。

其次，绿色信贷促使商业银行开发符合市场需求的绿色金融产品，如国家核证自愿减排量（CCER）质押贷款、法国开发署绿色中间信贷、国际金融公司能效贷款等创新型产品，增强创新发展能力，提高竞争优势，提升利润效率。

最后，商业银行通过提供绿色信贷能够为国际投资者提供绿色投资机会和金融服务，进一步吸引国际资金，打破同质化困境，提高创新力与竞争力，寻找利差收入以外的盈利点，以此提升自身的利润效率。

（4）风险管理视角

一方面，通过提供绿色信贷，商业银行与绿色产业和企业建立长期合作关系，减少信息不对称，有利于风险管理的实现。由于绿色产业和企业更注重环境保护、资源利用和社会责任，比传统高污染、高能耗行业具有更高的环境和社会风险抵御能力，因此商业银行通过支持绿色产业和企业能够降低自身的贷款和融资风险，减少不良资产的产生，确保资金的安全性和流动性，从而释放更多资源用于其他业务，提升银行利润效率。

另一方面，部分财政部门通过贴息的方式给予商业银行风险补偿，提升绿色项目投资回报率，在一定程度上对银行利润效率起到正向促进作用。例如，广州市对成功申请绿色信贷的企业按其贷款金额的1%给予贴息，单个企业每年最高可获得100万元贴息，贴息期限为3年[①]。绿色信贷贴息政策利用利率杠杆引导资本投向，促进银行向融资约束较高的绿色企业投入更多的信贷资金，激励绿色信贷供给，为其提供相应的风险补偿机制。

2）商业银行承担社会责任对利润效率的影响

由企业社会责任理论可知，商业银行既有经济责任、法律责任，也有社会责任、道德责任。承担社会责任是商业银行孕育机会、推动创新和创造竞争优势的重要来源。一个热心于慈善公益的商业银行，更有可能树立良好的公众形象；一个对消费者负责的商业银行，更有可能赢得顾客与市场；一个诚实守信、保护环境的商业银行，更容易得到政府、投资方及消费者的支持。商业银行只有切实履行社会责任，才能符合时代要求，真正得到社会的认可。

首先，商业银行应做好社会责任管理的顶层设计，将社会责任融入发展战略、治理结构、企业文化和业务流程中。具体措施有：在组织层面建立相应的决策与执行机构，依托战略、组织和流程的支持建立履行社会责任的长效机制；加强银行社会责任的制度化管理，形成包括制定计划、实施计划、跟踪检查、期末评估、发布报告等环节在内的流程化管理机制，提升银行决策水平；建立适当的内外部评估机制，定期评估银行的社会责任履行情况，包括信贷等核心业务对社会与环境的影响，并将银行社会责任评估与改善内部管理相结合；积极建立银行社会责任披露制度，按期提交社会责任报告，加强社会责任履行的第三方独立鉴证，并通过报刊、网站等渠道公开披露银行社会责任的履行情况。以上工作有利于实现银行社会责任履行与银行日常经营的有机结合，形成良好的社会责任实现机制，使银行的社会责任

---

① 数据来源：广州市黄埔区人民政府、广州开发区管理委员会.广州市黄埔区广州开发区促进绿色金融发展政策措施［EB/OL］.［2025-03-12］.https：//www.hp.gov.cn/zwgk/zfgb/2022n/d11/qbmgfxwj/content/post_9500372.html.

履行循环往复、良性发展，提升经营管理绩效和利润效率水平。

其次，商业银行应在普惠金融、绿色金融等方面积极主动地承担社会责任。例如，商业银行应大力发展涉农贷款、助力乡村振兴，以服务小微经济、实体经济为目标；支持企业进行低碳转型，先后推出“碳排放配额质押贷款”“排污权质押贷款”“光伏融”等多款绿色信贷产品。

再次，随着新一代信息技术的快速发展和广泛应用，商业银行应持续深化改革，强化科技赋能，进行数字化转型，针对普惠群体“量多、额小、面广、分散”的特性，以及普遍存在财务管理不规范、缺乏有效抵押物等问题，将大数据、人工智能、云计算、区块链等信息技术融入普惠金融业务中，实现对普惠群体的精准画像，降低银行的服务成本，提升审批效率和风控能力，加快普惠产品的创新效率，拓宽普惠金融服务的群体覆盖面，打破普惠金融服务时间与空间的局限性，更精准地定位普惠金融客群需求，通过线上线下业务多渠道协同实现“一站式”“全天候”的金融服务，满足客户全方位、一揽子综合的金融服务需求。

最后，商业银行还应关心社会发展，积极参与慈善捐赠、志愿者活动等社会公益活动，主动承担信用体系建设，积极开展形式多样、内容丰富的金融知识普及教育活动，引导和培育社会公众的信用意识、金融意识和风险意识，为自身树立良好的品牌形象。

3）商业银行加强内部治理对利润效率的影响

商业银行既是追求利润最大化的一般市场主体，也是审慎经营的金融企业。因此，商业银行的内部治理不仅涉及所有者和经营者的关系，还须充分考虑存款人的利益。由《公司治理准则》《商业银行公司治理指引》等相关政策可知，商业银行的治理可以理解为股东大会、董事会、监事会、经营管理层以及其他利益相关方之间的一整套关系设计安排，全方位地规范银行各个利益相关方的权利和责任。由此可见，商业银行公司治理的相关主体更多、外延性更强，主体之间的关系也更为复杂，更需要良好的治理机制来保障自身的高质量发展。商业银行治理的关键问题就是寻求对大股东权力的合理制衡，以保护其他利益相关者的权益。

第一，除了对股东负责外，商业银行还应对存款人和其他利益相关者负责。相较于一般企业，商业银行通常具有负债率高、风险负外部性较强、资产不透明等特征，董事会、管理层、股东以及其他利益相关者之间的利益冲突比一般企业更为复杂，股东的道德风险问题也更加突出。因此，银行不仅要处理好股东与管理层的关系，还要处理好自身与存款人、监管者的关系。为加强商业银行的股权管理，规范商业银行股东行为，保护商业银行、存款人和其他客户的合法权益，维护股东的合法利益，促进商业银行持续健康发展，我国原银监会于2018年印发了《商业银行股权管理暂行办法》，指出只有通过在董事会、管理层、股东以及其他利益相关者之间作出一系列相互监督、相互制约的制度安排，才能实现对公司权力的合理分配、监督和制衡，以保护其他利益相关者的权益。

此外，商业银行还应提倡以人为本，重视员工健康和安全，关心员工生活，加强员工培训，提高员工职业素质，提升员工职业价值，培养金融人才，创建健康发展、积极和谐的职业环境，以激发员工的工作积极性、主动性和创造性，进一步促进利润效率的提升。

第二，商业银行经营不能以短期利润最大化作为唯一目标，应关注更为长期的社会责任。商业银行是我国重要的间接融资渠道和主要支付服务组织，作为国民经济特殊行业的重要组成部分，商业银行除了追求经济利益最大化外，还应兼顾宏观经济稳定和金融体系稳健。良好的商业银行内部治理不仅包括健全的组织架构、清晰的职责边界，以及科学的发展战略、价值准则，还涉及有效的风险管理与内部控制、合理的激励约束机制、完善的信息披露制度。

第三，商业银行内部治理应当有效应对各种经营风险。商业银行是经营货币和风险的机构，在经营过程中，由于受不确定因素的影响，存在蒙受经济损失或获取额外收益的可能性。但金融风险的暴露又存在明显的滞后性和关联性，如果商业银行过度强调短期利润，则可能激励管理层和股东过度承担风险，在获取短期高额收益的同时，将风险推给继任者或传染给社会。只有通过合理的激励约束机制，推进收益与风险兼顾、长期与短期激励相结合的绩效考核机制，才能有效控制风险，实现可持续发展。

第四，股权管理是商业银行公司治理的关键环节。有效的股权管理是良好公司治理的基础，对股东管理缺乏制衡约束、股权过度分散或集中均有可能导致公司治理失效。为加强股东资质的穿透式审查，2018年原银监会出台了《商业银行股权管理暂行办法》，该办法强调从股权管理的源头控制重大风险，保护商业银行存款人和其他客户的合法权益，以确保商业银行的安全稳健运行。

综上所述，良好的公司治理是商业银行稳健发展的保障，对银行利润效率的提升具有重要促进作用。首先，商业银行规范经营行为，遵守银行业从业人员行为准则、反不正当竞争公约、反商业贿赂公约等行业规则，开展公平竞争，有助于维护良好的市场竞争秩序，促进自身健康发展。其次，完善的公司治理结构，有助于商业银行安全稳健经营，确保股东特别是中小股东享有法律法规和公司章程规定的权益，为股东创造价值，进而获得股东的支持。再次，构建合理的激励约束机制，能保障商业银行的员工权益，促进员工全面发展，为员工创造价值，增强员工的忠诚度。最后，重视消费者权益保障、有效提示风险、恰当披露信息、公平对待消费者、加强客户投诉管理、完善客户信息保密制度、提升服务质量，有利于商业银行发展和维系长期、优质的客源。

5.1.2 研究假设

1）商业银行ESG评价与利润效率的线性关系

从银行内部来看，贯彻落实ESG发展理念能够增强商业银行的竞争优势。首先，银行良好的ESG表现能够提升员工对银行品牌及文化的认可度，制定合理的员工福利与薪酬制度、加强员工职业技能培训能够增强员工对银行的忠诚度，提升员工的工作积极性与工作效率有助于银行进行利润创造。其次，商业银行将ESG管理要求纳入顶层设计、日常经营和全面风险管理，在股权结构、董事会独立性、多样性、高管薪酬等方面改善公司治理，能够使银行决策和运转更加高效，进一步提升银行利润效率。最后，不断优化银行内部管理体系，推进日常监督检查计划和合规检查计划，以查促改、以查促建、以查促管，加强银行的内控合规管理能力，完善内部控制体系，能够为商业银行提升利润效率营造良好的内部环境。

从银行外部来看，随着ESG理念深入人心，客户更加注重银行社会责任的履行与社会价值的创造。银行积极实践ESG能够更好地满足客户对产品及服务的需求和认可，使银行产品及服务在质量、价格方面与同级别银行无明显差异的情况下提升对客户的吸引力，提升自身产品及形象的辨识度，获得具有经济价值的外部资源。具体表现为：首先，银行在绿色金融、普惠金融、乡村振兴、公益捐赠等方面积极作为，能够赢得社区、公众、债权人等利益相关者的广泛认同，吸收核心战略资源；其次，银行积极进行解决当地就业、保护环境、反腐倡廉等ESG实践，在极大程度上缓解了政府压力，帮助银行与政府、监管部门建立了良好关系，进而获得政府在政策、税收、财政等方面的支持，减轻外部监管压力，为提升利润效率营造良好的外部环境，实现银行和社会双赢。商业银行ESG表现对效率的影响如图5-1所示。

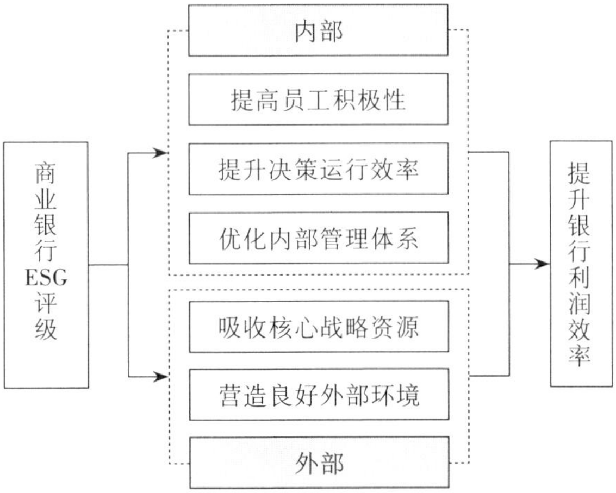

图5-1　商业银行ESG表现对效率的影响

基于以上分析，本书提出研究假设1：

H1：商业银行ESG表现与利润效率之间呈正相关。

2）商业银行ESG评价与利润效率的非线性关系

银行实践ESG对于利润效率的影响具有两面性。从利益相关者的角度出发，企业积极履行社会责任，能够加强企业与利益相关者之间的沟通与联系，为企业树立良好形象，并创造隐性的外部资源，为效率的提升注入动力。制度理论认为，企业为了获得较高的评级往往会遵从评价指标而践行ESG，利用政府的贴息、分档奖补等形式扩大资金获取渠道，支持绿色金融、普惠金融，创造了一定的盈利空间。另外，由于外部利益相关者通常拥有或能够接触到外部资源，为银行带来新的资金来源和风险管理技术，与银行原有风险管理形成互补，因此，商业银行积极承担外部利益相关者的社会责任，有助于其与各利益相关者形成资源共享，进而提升银行ESG评级。

然而，商业银行践行ESG并非总是有助于银行利润效率的提升。

代理理论认为，商业银行往往以履行ESG责任为“幌子”，而将有限的资源配置于ESG评分高的项目或寻租活动中，而不是将其配置于有利于社会的项目。商业银行践行ESG会消耗银行有限的资源，影响其信贷投放的数量和方向，抑制利润效率的提升。与此同时，当银行ESG达到一定水平后，再将更多的资源分配给ESG活动将导致机会成本不断增加，ESG实践带来的正向影响与ESG持续投入带来的成本支出之间难以均衡，导致盈利能力提升的边际效应减弱。此外，履行ESG责任不仅会消耗银行的大量资金，还可能促使企业为获得银行较低的融资成本而实施“掩饰”行为，导致资产质量出现下滑，侵蚀利润。

因此，本书认为并不是商业银行承担的ESG责任越多，就越有助于利润效率的提升，二者间的关系可能存在一定门槛，在不同的ESG水平区间内存在差异，即取决于商业银行ESG的履行情况。

基于以上分析，本书提出研究假设2：

H2：商业银行践行ESG对利润效率的影响会随着ESG履行情况的不同而发生变化，即存在门槛效应。

5.2 研究设计

5.2.1 数据来源与样本选取

本书以2012—2022年中国64家商业银行年度数据作为研究样本，相关数据主要来源于Wind数据库和商业银行年报，共有457个观测值，其中包括6家国有大型商业银行、10家股份制商业银行、37家城市商业银行、11家农村商业银行的数据，所有数据处理均使用Stata17.0。6家国有大型商业银行分别为中国工商银行、中国农业银行、中国建设银行、中国银行、中国邮政储蓄银行、交通银行；10

家股份制商业银行包括招商银行、兴业银行、浦发银行、中信银行、民生银行、华夏银行、平安银行、光大银行、广发银行、浙商银行；37家城市商业银行包括上海银行、宁波银行、苏州银行、兰州银行、长安银行、长沙银行、大连银行、江苏银行、常熟银行、湖北银行、湖南银行、盛京银行、郑州银行、贵阳银行、温州银行、成都银行、广西北部湾银行、徽商银行、浙江民泰商业银行、珠海华润银行、成都银行、杭州银行、齐鲁银行、天津银行、重庆银行、南京银行、江西银行、绍兴银行、厦门银行、福建海峡银行、晋商银行、哈尔滨银行、汉口银行、金华银行、中原银行、嘉兴银行、北京银行；11家农村商业银行包括上海农商银行、南海农商银行、重庆农商银行、昆山农商银行、龙岩农商银行、雅安农商银行、顺德农商行、上虞农商银行、江门农商银行、汇通银行、鄞州银行。

5.2.2 模型构建

本节旨在研究银行ESG表现对效率的影响，构建如下双固定效应回归模型：

$$EFF_{i,t}=\alpha_0+\alpha_1\times ESG_{i,t}+\Sigma\alpha_i\times Control_{i,t}+\gamma_i+\delta_t+\varepsilon_{i,t} \tag{5-1}$$

其中：被解释变量$EFF_{i,t}$表示商业银行i在t期的利润效率；核心解释变量$ESG_{i,t}$表示商业银行i在t期的ESG水平；$Control_{i,t}$代表控制变量；α_i为变量系数；γ_i为商业银行个体固定效应；δ_t为年份固定效应；$\varepsilon_{i,t}$为随机误差项。

5.2.3 变量选取

1）被解释变量

本节利用超越对数距离函数SFA模型，选取了营业支出和利息支出两个投入指标，税前利润总额和贷款及垫款两个产出指标，人力投入回报率、所得税/利润总额两个影响因素（分别反映银行的员工生产力和营运能力），测度商业银行的利润效率（*EFF*），具体过程和结果见第4章的内容。

2）解释变量

本节使用熵权法测度的商业银行ESG评分（*ESG*）作为解释变量，具体过程和结果见第3章的内容。评分越高表明商业银行ESG表现越好、水平越高，反之亦然。

3）控制变量

考虑到商业银行特征对其利润效率的影响，本节考虑了以下银行微观控制变量：成本收入比（*CIR*）、拨贷比（*LPR*）、非利息收入占比（*IR*）、资产负债率（*TDR*）、销售净利率（*NPM*），具体说明见表5-1。

表5-1 **主要变量说明**

变量性质	变量名	符号	变量说明
被解释变量	利润效率	*EFF*	基于超越对数距离函数SFA模型测算利润效率，具体见第4章
解释变量	ESG评分	*ESG*	基于熵权法ESG评分，具体见第3章
控制变量	成本收入比	*CIR*	营业费用/营业收入×100%，衡量银行盈利能力的重要指标
	拨贷比	*LPR*	贷款呆账准备金/贷款总额×100%，是反映商业银行拨备计提水平的重要监管指标之一
	非利息收入占比	*IR*	（营业净收入–利息净收入）/营业净收入×100%，是反映商业银行收入结构是否健康的指标
	资产负债率	*TDR*	负债总额/资产总额×100%，体现银行对债权人资金的经营管理能力
	销售净利率	*NPM*	净利润/销售收入×100%，体现银行盈利和收益的能力

5.3 实证结果分析

5.3.1 主要变量的描述性统计

公式（5-1）所涉及的具体变量的描述性统计见表5-2。其中，利润效率*EFF*均值为0.60，标准差为0.17，最小值为0.266，最大值为1.000，说明各家银行的利润效率差异较大，且存在一定程度的提升空间。核心解释变量ESG评分的均值为0.38，处于较低水平，说明我国银行业整体ESG水平不高，仍需积极探索完善ESG实践；标准差为0.19，位于合理水平。其他控制变量的统计特征均属正常，标准差较小，说明变量数据合理可靠。

表5-2 变量描述性统计

变量名	观测值	均值	标准差	最小值	最大值
EFF	457	0.60	0.17	0.266	1.000
ESG	457	0.38	0.19	0.018	0.826
CIR	457	31.84	6.96	18.930	75.700
LPR	457	3.39	3.67	1.407	79.210
IR	457	23.63	12.47	−6.126	94.983
TDR	457	92.70	1.15	88.389	95.910
NPM	457	32.44	9.59	2.310	88.873

5.3.2 相关检验

1）相关性检验

为初步了解变量间的共变趋势、确定各变量间的关系，本节使用

Pearson相关系数来检验变量的相关性，具体结果见表5-3。

表5-3 **变量Pearson相关性检验**

	EFF	*ESG*	*CIR*	*ALR*	*IR*	*TDR*	*NPM*
EFF	1.000						
ESG	-0.257^{***}	1.000					
CIR	0.070	-0.279^{***}	1.000				
LPR	0.049	-0.110^{**}	0.041	1.000			
IR	−0.013	0.169^{***}	0.061	−0.016	1.000		
TDR	−0.005	-0.108^{**}	0.178^{***}	−0.050	0.001	1.000	
NPM	0.000	0.022	-0.353^{***}	−0.021	-0.121^{***}	-0.101^{**}	1.000

注：***、**、*分别表示在1%、5%、10%的水平上显著。

从表5-3的数据可知，两两变量的相关系数均在0.3以下，表明样本银行的多数变量间呈弱相关关系。其中，商业银行利润效率与ESG评分在1%的相关性水平下显著，但二者呈负相关，与理论预期相反，说明可能存在内生性问题有待解决。在控制变量方面，银行利润效率与成本收入比、销售净利率、拨贷比呈正相关关系，与资产负债率、非利息收入占比呈负相关关系，说明各控制变量均在一定程度上影响银行效率。

2）多重共线性检验

考虑到多重共线性可能会对回归结果产生影响，本文使用方差膨胀系数（VIF）进一步检验各变量间是否存在多重共线性，以保证后续回归系数的可靠性，具体检验结果见表5-4。银行利润效率与ESG评分的VIF值为1.15，其他变量的VIF值位于（1，1.30）区间，说明变量容忍度较高。平均VIF值为1.12，远小于10，可以认为模型不存在多重共线性问题，可进行后续的线性回归分析。

表5-4　　　　　　　　**变量多重共线性检验**

变量名	VIF	1/VIF
CIR	1.28	0.784286
NPM	1.16	0.859659
ESG	1.15	0.870083
IR	1.05	0.950739
TDR	1.04	0.958291
LPR	1.02	0.983201
Mean VIF		1.12

3）异方差与自相关

由于本文的面板数据为大N小T型短面板数据，可能会存在异方差，导致银行ESG评分影响利润效率的估计结果不准确。因此，应预先对模型是否存在异方差与自相关问题进行检验，见表5-5。

表5-5　　　　　　　　**异方差与自相关检验**

	异方差检验	自相关检验
chi2（27）	95.31	
F（1，59）		81.221
P值	0.0000	0.0000

表5-5给出了相关检验结果。其中，异方差使用White检验，结果显示，P值为0<0.05，拒绝不存在异方差的原假设；使用Wooldridge检验自相关，结果同样显示P值为0.0000<0.05，拒绝不存

在序列自相关的原假设。综上所述，本文的模型同时存在异方差与自相关问题，在回归时使用稳健标准误进行修正。

5.3.3 回归结果及内生性分析

表5-6为银行ESG评分对利润效率影响的估计结果。

表5-6 商业银行ESG评分对利润效率影响的回归结果

变量	（1） *EFF*	（2） *EFF*（*IV=EPS*）
ESG	−0.004 （−0.15）	0.505** （2.09）
CIR	0.006*** （5.23）	0.007*** （6.73）
LPR	0.001** （2.33）	0.000 （0.43）
IR	0.000 （0.93）	0.000 （1.33）
TDR	−0.003 （−0.89）	−0.008* （−1.74）
NPM	−0.005*** （−4.35）	−0.005*** （−10.26）
时间固定	是	是
个体固定	是	是
R^2	0.9510	0.9931
N	457	457

注：括号里报告的是t值；***、**、*分别表示在1%、5%、10%的水平上显著。

表5-6中列（1）为银行ESG评分对利润效率影响的基本回归结果，显示银行ESG评分与利润效率呈负相关关系，且不显著，与事实不符，考虑可能存在内生性问题。

从控制变量上来看，拨贷比作为反映商业银行拨备计提水平的重要监管指标之一，其比例越高，说明银行防范风险的能力越强，越有助于利润效率的提升。银行在扩大销售的同时，由于销售费用、财务费用、管理费用的大幅增加，净利润并不一定会同比例地增长，甚至可能出现负增长，因此，销售净利率与利润效率在1%的显著性水平上负相关，以上结论与实际相符。

从White检验结果可知，该数据具有异方差，故选用杜宾-吴-豪斯曼检验（DWH）进行内生性检验。根据杜宾-吴-豪斯曼检验的结果，认为本节所设定的模型可能存在由遗漏变量、反向因果和测量误差导致的内生性问题。为了排除内生性对回归结果的影响，本文采用两步最优工具变量法解决内生性问题。

首先，在基准回归模型中引入每股盈余公积（*EPS*）作为工具变量。就工具变量的外生性而言，盈余公积可以用于弥补银行的亏损、扩大银行生产经营、转为增加银行资本或者派送新股，体现了银行的治理能力，与银行ESG表现具有较强的相关性，但与银行利润效率提升并不直接相关，满足工具变量的选取条件。

加入工具变量后，使用两步最优GMM进行参数估计，结果如表5-6列（2）所示，ESG评分系数为0.505，在5%的水平上显著为正，说明银行提升ESG水平能够显著促进利润效率的提升，验证了研究假设H1。针对工具变量的检验，弱工具变量检验F值为7.601>6.66（20% maximal IV size），拒绝存在弱工具变量的原假设，认为本文选取的工具变量较为合理。

为进一步研究环境、社会、公司治理三个维度对商业银行利润效率的影响，本节分别进行了ESG三个子维度的回归分析。考虑到商业银行ESG表现与随机扰动项之间存在相关性问题，故使用工具变量法解决上述问题。由于每个维度均具有各自的特征，因此在环境维度上选择是否披露碳排放信息（*EMI*）作为工具变量，体现环境方面信息披露的规范性；在社会维度上，选择应付职工薪酬的自然对数（ln*ECP*）作为工具变量，体现商业银行员工的获得性；在公司治理维度上，选择每股盈余公积作为工具变量。经弱工具变量检验、识别不足检验后，证实了工具变量的可靠性。

环境、社会、公司治理三个维度的回归结果见表5-7。

表5-7 **环境、社会、公司治理对银行利润效率影响的回归结果**

变量	环境（*Env*）		社会（*Soc*）		公司治理（*Gor*）	
	EFF（*IV=EMI*）		*EFF*（*IV*=ln*ECP*）		*EFF*（*IV=EPS*）	
E	−0.016 (−0.99)	0.071* (1.88)				
S			−0.004 (−0.22)	0.535** (2.00)		
G					0.007 (0.52)	0.298** (2.05)
CIR	0.006*** (5.27)	0.006*** (8.79)	0.006*** (5.24)	0.006*** (6.01)	0.006*** (5.24)	0.007*** (6.59)
LPR	0.001** (2.34)	0.001 (0.82)	0.001** (2.32)	0.001 (0.84)	0.001** (2.31)	0.000 (0.14)
IR	0.000 (0.92)	0.000 (1.30)	0.000 (0.93)	0.000 (1.29)	0.000 (0.94)	0.000 (1.11)

续表

变量	环境（*Env*）		社会（*Soc*）		公司治理（*Gor*）	
	EFF（*IV=EMI*）		*EFF*（*IV*=ln*ECP*）		*EFF*（*IV=EPS*）	
TDR	−0.003 （−0.84）	−0.004 （−1.39）	−0.003 （−0.91）	0.001 （0.17）	−0.003 （−0.94）	−0.011** （−1.97）
NPM	−0.005*** （−4.36）	−0.005*** （−13.81）	−0.005*** （−4.34）	−0.005*** （−8.48）	−0.005*** （−4.38）	−0.006*** （−10.11）
时间固定	是	是	是	是	是	是
个体固定	是	是	是	是	是	是
R^2	0.9511	0.9963	0.9510	0.9913	0.9511	0.9928
N	457		457		457	

注：括号里报告的是*t*值；***、**、*分别表示在1%、5%、10%的水平上显著。

实证结果表明，环境、社会和公司治理均与商业银行利润效率显著正相关。其中，社会和公司治理维度对利润效率的影响均在5%的水平上正相关。相较而言，社会维度对利润效率的影响最大，每增加一单位的社会表现会带来0.535单位利润效率的增加。其原因主要有以下几个方面：

第一，在环境方面，商业银行大力发展绿色金融，加强绿色金融的业务拓展与产品创新，有利于形成差异化的竞争优势；同时，加强环境信息披露能有效减少信息不对称，增强银行产品对公众、客户的吸引力。绿色信贷是商业银行等金融机构根据国家环保政策和产业结构优化方向，对绿色、低碳、循环经济产业给予的贷款支持，从而引导和优化资金配置，发挥生态环境治理作用，推动经济社会可持续发展。但由于绿色信贷往往期限较长、风险较高，与银行风险偏好不匹配，因此，需要政策的引导和激励。

第二，在公司治理方面，商业银行通过减少投入、增加产出达到降本增效的目的，对利润效率产生正向影响。首先，通过数字生态赋能，商业银行从传统金融中介转向金融服务方案提供者，既能减少商业银行线下网点布局的实物资本和人工成本投入，又能拓展盈利来源渠道，提高利润效率。其次，基于内部控制理论，商业银行通过技术改良、业务升级，缓解信息不对称问题，改善传统业务可能面临的“规模不经济”情况，进而降低信息搜寻成本、边际成本。最后，商业银行加强风险管理，通过动态监测数据跟踪客户的数据足迹，及时发现风险隐患，降低风险损失，减少追踪成本和经营成本，促进商业银行利润效率的提升。

第三，商业银行作为信用机构，声誉至关重要。商业银行通过积极承担社会责任，能有效增强公众、客户、员工等利益相关者的认同感，树立良好的企业形象，提升银行声誉。良好的声誉会向利益相关方传递出包括信息质量、实际经营情况等多方面的信号，展现出银行良好的整体形象，有助于提高外部投资者的投资意愿和信心，降低融资难度，削弱管理层为获得外部融资而实施机会主义的动机，为银行带来丰富的外部资源和长期的超额收益，对利润效率的提升发挥显著的促进作用。此外，获得良好声誉的银行会引起社会公众与监管部门的广泛关注，减少银行自身的监督管理成本和管理者私利行为，提升银行在行业中的竞争能力，提高利润效率。

其他控制变量的估计系数的符号与前文估计基本一致，只有资产负债率的显著性和系数发生了变化。首先，银行积极披露社会责任等非财务信息有助于投资者更直观地了解银行的经营状况，缓解投资人与银行之间的信息不对称问题，降低投资者的投资风险报酬预期，进而降低债务融资成本。其次，银行积极承担社会责任为股东、债权人、员工和客户创造了价值，并维护他们的权益，显著降低了股价崩盘风险，降低了债券投资者对利率的期望，最终进一步降低债务融资成本。最后，商业银行积极承担社会责任，能够享受央行的降准政策（如央行对达到普惠金融定向考核标准的银行定向降准0.5至1个百分点），进而降低融资成本。

5.3.4 稳健性检验

本节综合运用变量替换、增加变量的方法进行稳健性检验，所得结论与基准模型结果均保持一致。

首先，为消除变量主观选择的影响，确保回归结果的可靠性和稳健性，本节使用净利差（*NIM*）替代资产负债率（*TDR*）、存贷比（*LDR*）替代销售净利率（*NPM*），具体结果见表5-8列（1）。结果表明，商业银行应大力开展非利息收入进而提高利润效率。

表5-8 稳健性检验结果

变量	（1） *EFF*（*IV=EPS*）	（2） *EFF*（*IV=EPS*）
ESG	0.708** （2.28）	0.496** （2.10）
CIR	0.006*** （4.79）	0.006*** （6.69）
LPR	0.000 （0.38）	0.001 （0.57）
IR	0.001 （1.24）	0.000 （1.06）
TDR		−0.005 （−1.01）
NIM	−0.016 （−1.56）	

续表

变量	(1) *EFF*（*IV=EPS*）	(2) *EFF*（*IV=EPS*）
LDR	0.001 (1.07)	
NPM		−0.005*** (−10.22)
IDR		−0.002 (−1.44)
TAT		−0.003 (−0.55)
时间固定	是	是
个体固定	是	是
R^2	0.9886	0.9933
N	457	457

注：括号里报告的是 *t* 值；***、**、*分别表示在 1%、5%、10% 的水平上显著。

其次，为避免遗漏变量问题导致估计结果有偏、不一致，本节增加有息负债率（*IDR*）、总资产周转率（*TAT*）作为控制变量进行稳健性检验，具体结果见表5-8第（2）列。结果表明，商业银行有息负债率和资产总周转率与利润效率成反比，故商业银行应降低融资成本、减少利息支付，进而提高利润效率。随着中国银行业面临净息差逐渐收窄、资产收益率下降和负债成本上升的双向压力，银行利润效率开始下降。但从长期来看，利率变动和实体经济的资金供求相关。未来，我国经济慢慢复苏，在潜在增长率水平不低的情况下，资金需求有望回到相对正常的状态。随着资金需求的上升，存款利率也有上升可能。

5.3.5 门槛效应分析

1）基于ESG评级的门槛效应模型设计

商业银行ESG表现与利润效率间的多门槛模型构建如下：

$$EFF_{i,t}=\theta_1 ESG_{i,t}\cdot \mathrm{I}(Threshold_{i,t}\leq\zeta_1)+\theta_2 ESG_{i,t}\cdot \mathrm{I}(\zeta_1<Threshold_{i,tt}\leq\zeta_2)+ \ldots+\theta_n ESG_{i,t}\cdot \mathrm{I}(\zeta_{n-1}<Threshold_{i,t}\leq\zeta_n)+\theta_{n+2} ESG_{i,t}\cdot \mathrm{I}(Threshold_{i,t}>\zeta_n)+ \sum\alpha_i\times Control_{i,t}+\gamma_i+\delta_t+\varepsilon_{i,t} \tag{5-2}$$

其中：$Threshold_{i,t}$为门槛变量，包括商业银行ESG评级以及各子维度上评价；I（·）为取值为1或者0的指示函数，当括号中表达式为假时，则取值为0，反之则取值为1；ζ_1、ζ_2、ζ_n分别表示n个待估计的门槛值；θ_1、θ_2、…、θ_n分别为不同门限区间的回归系数；$Control_{i,t}$为一系列控制变量；其他变量均与前述模型变量相同。

2）实证结果与分析

（1）门槛效应检验

为了进一步验证理论模型在ESG及三个维度评级处于高低区间时的结论，本书运用构建的门槛回归模型即式（5-2）对商业银行利润效率、商业银行ESG评级以及各个子维度的门槛值、门槛个数进行检验。在门槛回归分析中，抽样次数设为5 000，采用Bootstrap方法得出P值，通过对应的P值确定门槛数量。表5-9列出了以商业银行ESG评级以及各个子维度得分为门槛变量的具体检验结果。

表5-9　　门槛效应检验结果

模型	门槛变量	门槛个数	F值	P值	10%临界值水平	5%临界值水平	1%临界值水平
EFF	*ESG*	一门槛	21.76	0.022	15.489	18.065	23.367

注：P值为采用Bootstrap方法反复抽样1 000次得到的概率值，并用该值判断F统计量在多大的显著性水平上通过门槛效应检验。

由表5-9可知，商业银行ESG表现与利润效率间均存在单门槛效应，从而将变量取值分成两个区间。

表5-10给出了门槛值估计结果和每个门槛值在95%的置信概率下的置信区间。ESG表现的门槛值为0.5417。

表5-10　　**门槛值估计结果及置信区间**

回归模型	门槛变量	门槛值	门槛估计值	95%的置信区间
EFF	*ESG*	第一个门槛值	0.5417	（0.5326，0.5424）

接下来进行门槛估计值和实际值的一致性检验。基于表5-10的估计结果，绘制似然比函数图（如图5-2所示）。图5-2中的横轴代表门槛值，纵轴代表似然比函数值，虚线代表95%置信水平下的临界值。根据Hansen提出的似然比检验公式，当LR（γ）>c（θ）时，拒绝原假设。当θ=5%时，LR统计量的临界值为7.35。根据图5-2可知，ESG的门槛值对应的LR的估计值明显小于临界值，所以上述门槛估计值真实有效。

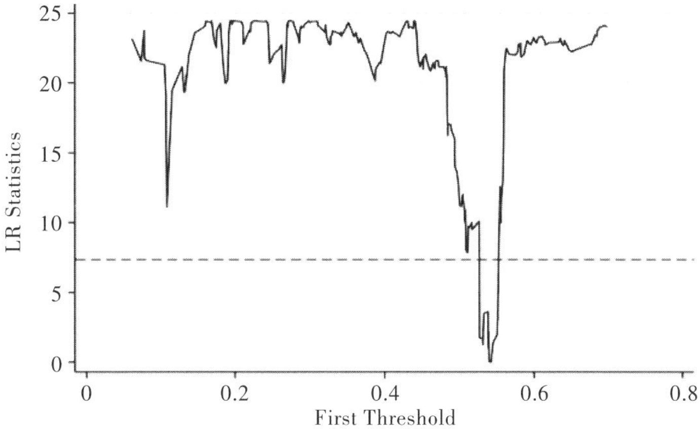

图5-2　利润效率模型ESG门槛值及似然比函数图

（2）门槛面板模型的估计结果

银行利润效率和ESG之间的关系被ESG这一门槛变量划分为两个区间，且不同区间之间存在显著差异。理论上，当ESG评级处于较低水平时，商业银行提升ESG评级对利润效率具有显著提升作用，但随着ESG评级的不断提升，对利润效率依旧可能呈现边际递减或者是降低的作用，从而导致商业银行在ESG评级达到一定程度后将不再重视ESG的践行。面板门槛模型参数估计结果见表5-11。

表5-11 **面板门槛模型参数估计结果**

	EFF			
	ESG	*E*	*S*	*G*
第一区间	0.529** （2.22）	0.068 （1.42）	0.595 （0.65）	0.285** （1.97）
第二区间	−0.986 （−0.94）	0.696* （1.92）	−0.596 （−0.93）	0.193* （1.68）
Control	Yes	Yes	Yes	Yes
时间固定	Yes	Yes	Yes	Yes
个体固定	Yes	Yes	Yes	Yes
R^2	0.9140	0.8127	0.9208	0.9526
N	573	573	573	573

注：***、**、*分别表示在1%、5%、10%的水平上显著；括号内为*t*值。

由表5-11的门槛回归估计结果可知，ESG与银行利润效率之间的关系在不同的ESG水平区间之间存在差异。当ESG水平较低时（ESG≤0.5417），其对利润效率的影响系数为0.529，且回归系数均在5%的水平下显著，说明ESG评级的提升对银行利润效率的提升有正向促进作用，因为当银行ESG评级低于0.5417时，银行践行ESG会提升自身的企业形象，加强与监管部门、企业、储户等的联系，挖掘出潜在提升利润效率的路径。随着ESG水平的进一步提升（ESG>0.5417），其对应的回归系数下降为-0.986，显著性水平也开始下降。由此可知，当越过门槛值0.5417时，ESG对利润效率的激励作用减弱，原因在于银行追求ESG的践行会增加各项成本支出，当对ESG投入过多时，会消耗银行的有限资源，影响其盈利能力，抑制利润效率的提升，从而验证了H2的结论。

5.4 本章小结

本章基于ESG理念探究商业银行ESG评价对利润效率的影响。本研究以2012—2022年我国64家商业银行年度数据为研究对象，采用门槛分析模型探究商业银行ESG表现对利润效率的影响，得出以下结论：当ESG水平较低时（ESG≤0.5417），ESG评级的提升对银行利润效率的提升有正向促进作用；而随着ESG水平的进一步提升（ESG>0.5417），ESG评级的提升对利润效率的激励作用减弱，甚至出现抑制作用。在ESG分项中，银行治理对利润效率的促进作用最为突出，而随着银行ESG评级的提高，银行在社会责任维度的表现达到一定程度后反而会导致银行利润效率的下降。

6

商业银行践行ESG对利润效率的间接影响

商业银行践行ESG提升银行利润效率的关键在于其内部经营和外部环境。商业银行践行ESG的过程中，通过提升流动性创造能力增加盈利，通过降低融资成本降低经营成本，通过声誉管理树立品牌形象、提高客户的信赖度和可靠度、加强投资者关系管理，进而提高抗风险能力，进一步提升商业银行的竞争力和利润效率。

银行践行ESG对利润效率的影响机理如图6-1所示。

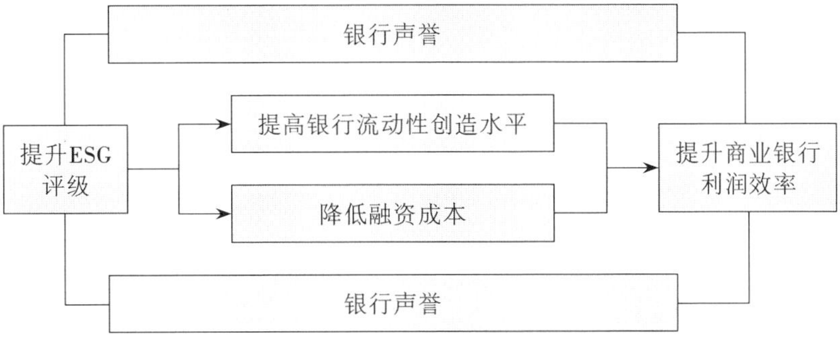

图6-1 银行践行ESG对利润效率的影响机理

6.1 基于流动性创造视角的机制研究

商业银行作为重要的中介机构，积极响应政策部署，通过资产负债表两侧的期限错配为实体经济注入流动性（吕思聪，2018），注入的流动性越多，说明银行越能有效地将吸收的资金转化为收益性资产（Diamond and Dybvig，1983），金融服务能力越高。

自Berger和Bouwman（2009）提出更全面的流动性创造衡量指标后，大量学者开始致力于流动性创造的研究，尤其是从银行资本结构、风险承担和融资约束的视角出发的研究。

1）资本结构

对于资本结构对流动性创造的影响，存在“金融脆弱-挤压”效应和“风险吸收”效应两种不同的观点。

“金融脆弱-挤压”效应中的“挤压”主要指银行资本会对存款产生挤压效应，即银行资本水平高反而会降低银行的流动性创造能力。何青青等（2015）和孙莎等（2014）通过实证研究验证了银行的资本充足率与流动性创造之间存在负向关系，但风险水平高的银行会一定程度地抵消该效应。

“风险吸收”效应则认为较高的资本水平能够提高银行抵御风险的能力，从而提高流动性创造水平。孙海波和刘忠璐（2019）验证了银行资本对表内流动性创造和总的流动性创造起促进作用。

银行规模越小，“金融脆弱-挤出”效应越明显，银行规模越大，“风险吸收”效应越显著（周爱民等，2013）。

2）风险承担

风险承担对流动性创造的影响得到了学术界的一致认可，二者之间呈正相关关系（孙建军等，2022），银行风险承担的意愿和能力增加，不仅使贷款扩张速度加快，增加高风险资产，还会增加流动性负债，从而提高商业银行的流动性创造能力（Angeloni et al.，2015；张云等，2022）。

3）融资约束

关于融资约束对流动性创造影响的研究视角和维度较多。首先，外部融资渠道较多的银行能够更好地抵御流动性短缺冲击（陆军和黄嘉，2023）。其次，为减轻融资限制，银行往往有动机采取盈余管理措施（Lobo et al.，2001；艾林和曹国华，2013），当融资成本下降、融资约束得以缓解时，基于盈利性原则，银行会倾向于实施信贷扩张策略。这一策略意味着银行将部分新增资本金转化为贷款资金，不仅有助于增加银行的贷款利差收益，还能进一步提升银行的流动性创造水平。

现有研究多关注影响流动性创造的微观及宏观因素，但很少研究ESG评价对流动性创造的影响。因此，本书立足商业银行流动性创造视角，剖析商业银行践行ESG如何通过影响银行流动性创造能力提升利润效率，进一步丰富了银行ESG评价对利润效率影响的作用机制研究。

6.1.1 流动性创造的概念及过程

1）商业银行流动性创造的概念

流动性创造产生于“借短贷长”的期限错配，指商业银行通过发行短期负债与持有长期资产为市场提供流动性。商业银行不仅利用流动性较强的短期存款为流动性较弱的长期贷款进行融资，在资产负债表内创造流动性（Diamond and Dybvig，1983），还通过提供贷款承诺及其他表外资产业务，进行表外流动性创造（Holmstrom and Tirole，1998；Kashyap et al.，2002）。

流动性创造在银行的经济活动中占据着举足轻重的地位。Diamond和Dybvig（1983）通过构建D-D模型，探讨了银行作为中介机构通过资产负债表两侧的期限错配为实体经济注入流动性，完成了流动性创造。商业银行吸收流动性较好的活期存款，再将其转化成流动性较差的贷款，体现了银行的流动性转换功能。但商业银行的流动性创造并不局限于负债到资产的转化，也包括资产到负债的转化。银行发放贷款后，通过贷款形成的派生存款又能被用来发放新的贷款，在不断循环的过程中完成流动性的创造。除此之外，随着表外业务不断拓展，银行也可以借助开展贷款承诺业务从资产负债表外为市场创造流动性（Holmstrom and Tirole，1998）。

2）商业银行流动性创造的过程

本节首先给出了一个简化的银行资产负债表，然后构建了一个关于专项贷款和一般性贷款的两期信贷创造动态模型，剖析政策贷款对银行流动性创造的影响。简化的银行资产负债表见表6-1。

表6-1　　简化的银行资产负债表

资产	负债和权益
存款准备金（R_0）	存款（D）
专项贷款（L^G）	再贷款（D^T）
一般贷款（L^B）	所有者权益（E）

在简化的银行资产负债表中，资产端包括银行存款准备金R_0、专项贷款L^G和普通贷款L^B，负债和权益端包括存款D、再贷款D^T和所有者权益E。根据会计恒等式：资产=负债+所有者权益，可将表6-1中的关系表示如下：

$$L^G+L^B+R_0=D+D^T+E \tag{6-1}$$

为便于理解，本研究构建了一个两期信贷模型，直观地展示贷款增量的变化情况，如图6-2所示。

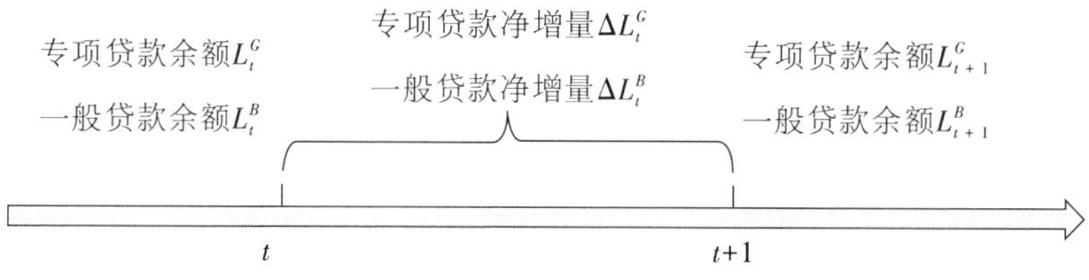

图6-2　基于政策信贷和一般贷款的两期信贷模型

假设银行在t期期初拥有的政策贷款和一般贷款余额分别为L_t^G和L_t^B，在t期新增政策贷款和一般贷款额分别为ΔL_t^G和ΔL_t^B，则两类贷款在t+1期期初的余额变为L_{t+1}^G和L_{t+1}^B。其中，$L_{t+1}^G=L_t^G+\Delta L_t^G$，$L_{t+1}^B=L_t^B+\Delta L_t^B$。

根据信用创造理论，商业银行通过吸收存款、发放贷款来增加资金来源，从而扩大货币供应量（McLeay et al.，2014）。由于存在派生存款机制和准备金制度，在广泛使用非现金结算的条件下，银行通过转账和发放贷款使银行体系内的存款总额数倍增加，从而实现信用创造。也就是说，当银行发放贷款时，资产端和负债端会等量扩张；反之，当银行收回贷款时，资产端和负债端等量收缩。据此，银行的信用创造可以表述为：

$$\Delta L^i = L^i - P^i \quad (i = G,\ B) \tag{6-2}$$

$$\Delta D = \sum (L^i - P^i) \quad (i = G,\ B) \tag{6-3}$$

$$\sum \Delta L^i = \Delta D \quad (i = G,\ B) \tag{6-4}$$

公式（6-2）、（6-3）和（6-4）中，L^i代表银行发放给实体部门的贷款金额，按照贷款用途本文将专项贷款以外的贷款统称为一般贷款，因此L^G表示专项贷款金额，L^B表示一般贷款金额，P^i表示银行收回的贷款本利和，P^G表示专项贷款回收的本利和，P^B表示一般贷款回收的本利和。因此，公式（6-2）代表银行发放的贷款净额，式（6-3）表示银行的派生存款总额，由公式（6-2）和公式（6-3）可以得出公式（6-4）。银行发放贷款都会增加存款数量；反之，收回贷款会减少存款数量。

3）基于cat-fat的商业银行流动性创造测算

（1）cat-fat流动性创造方法

当前有两种比较流行的流动性创造测算方法：第一种是Deep和Schaefe（2004）提出的“流动性转换缺口”指标；第二种是Berger和Bouwman（2009）在此基础上提出的4种流动性创造度量方法，即cat-fat、cat-nonfat、mat-fat、mat-nonfat。cat与mat分别表示按照类别与期限对各业务进行划分，fat与nonfat则分别表示包括表外活动与不包括表外业务。

"流动性转换缺口"方法测算出的指标大小能直接反映银行流动资金的紧张程度，缺口越大，资金越紧张；反之亦然。其计算公式为：

$$流动性转换缺口=（流动性负债-流动性资产）/总资产 \tag{6-5}$$

从公式（6-5）可以看出，流动性转换缺口作为一个相对指标，无法提供具体的绝对值，因此该指标缺乏可比性。此外，由于该指标在进行测算时仅将期限不超过一年的贷款视为流动性资产，忽略了银行表外业务等重要影响因素。

Berger和Bouwman（2009）提出的4种流动性创造度量方法，按照科目种类（category）划分表示为cat，按照科目期限（maturity）划分表示为mat，划分范围包含表外项目表示为fat，不包括表外项目表示为nonfat。

其中，"cat-fat"流动性创造度量方法是根据业务性质同时对表内、表外各业务科目进行划分，使用加权的方法计算出流动性创造的绝对数值。相比之下，"cat-fat"流动性创造度量方法是一种更为系统全面的测度方法，同时考虑了表内表外的所有业务，能够更全面地反映银行的流动性创造水平。故本书借鉴cat-fat（种类-表外）的方法，在此基础上结合中国商业银行的具体经营情况，对银行的业务进行了分类，并按照模型对各个业务赋予相应的权重，最后经过加权计算得出流动性创造指标值。

"cat-fat"流动性创造测算模型具体分为三个步骤：

第一步，划分业务。依据变现能力、交易成本与到期时间，将银行表内外业务细化为流动性、半流动性以及非流动性三类，具体见表6-2。将易于变现且成本较低、到期时间较短的资产界定为流动性资产；将变现过程复杂、成本高昂且到期时间较长的资产界定为非流动资产。

表6-2　　　　**商业银行流动性划分及权重赋予**

资产端		
流动性资产（-0.5）	半流动性资产（0）	非流动性资产（0.5）
现金及存放在中央银行的款项 存放在同业及其他金融机构的款项 交易性金融资产 衍生金融资产 买入返售款项 可供出售的金融资产	逆回购 借入证券和现金抵押 对银行的贷款和放款 消费贷款	发放贷款及垫款 持有至到期投资 应收款项类投资 长期股权投资 固定资产 商誉 递延所得税资产 其他资产
负债端		
流动性负债（0.5）	半流动性负债（0）	非流动性负债（-0.5）
向中央银行申请的借款 同业及其他金融机构存放的款项 交易性金融负债 衍生金融负债 卖出回购款项 活期存款	定期存款 其他客户存款 回购协议 借出的证券及现金抵押	递延所得税负债 其他负债 所有者权益
表外业务		
流动性表外业务（-0.5）	半流动性表外业务（0）	非流动性表外业务（0.5）
—	抵押物 表外公布托管证券化资产 其他表外风险暴露证券额	银行承兑汇票及信用证 承诺信用额度 担保 其他或有负债

第二步，赋予权重。基于商业银行不同类型业务的流动性特点，对第一步划分的项目进行赋值。参照Berger和Bouwman（2009）的做法，流动性资产、非流动性负债及所有者权益、表外流动性项目被赋

予-0.5的权重；半流动性资产、半流动性负债及表外半流动性项目被赋予0的权重；而非流动性资产、流动性负债和表外非流动性项目被赋予0.5的权重。

第三步，加权求和。基于前两步加权计算各类业务，分别得出银行总流动性创造、表内流动性创造和表外流动性创造，计算公式如下：

银行流动性创造＝0.5×（非流动性资产+流动性负债+非流动性表外业务）+
0×（半流动性资产+半流动性负债+半流动性表外业务）-
0.5×（流动性资产+非流动性负债+所有者权益+
流动性表外业务） （6-6）

银行表内流动性创造＝0.5×（非流动性资产+流动性负债）+0×（半流动性资产+
半流动性负债）-0.5×（流动性资产+非流动性负债＋
所有者权益） （6-7）

银行表外流动性创造＝0.5×非流动性表外业务+0×半流动性表外业务-
0.5×流动性资产流动性表外业务 （6-8）

为了消除银行资产规模差异产生的影响，采用单位资产的流动性创造数值（流动性创造比率）来进行衡量。计算公式如下：

LCR=流动性创造总额/银行总资产 （6-9）

（2）我国商业银行流动性创造测算结果分析

由于数据可获性与时间连续性的原因，选取我国62家商业银行为样本，通过测算得到其单位总流动性创造（*TLC*）、单位表内流动性创造（*LC_ON*）与单位表外流动性创造（*LC_OFF*），结果见表6-3。

表6-3 **单位流动性创造描述性统计**

指标名称	符号	观测值	均值	标准差	最小值	最大值
总流动性创造	*LCR*	413	0.6690	0.3060	0.0220	2.3250
表内流动性创造	*LC_ON*	423	0.5720	0.3160	0.0130	2.4720
表外流动性创造	*LC_OFF*	413	0.0940	0.0610	0.0030	0.4760

由表6-3可知，我国商业银行的总流动性创造及表内、表外流动性创造的标准差较小，表明排除规模干扰后，各商业银行的流动性创造能力差距不大。

按性质将62家商业银行划分为国有银行、股份制银行、城农商行三类，图6-3至图6-6给出了2012年至2022年整体商业银行的流动性创造情况（流动性创造额、单位资产流动性创造），以及三类商业银行的流动性创造情况。

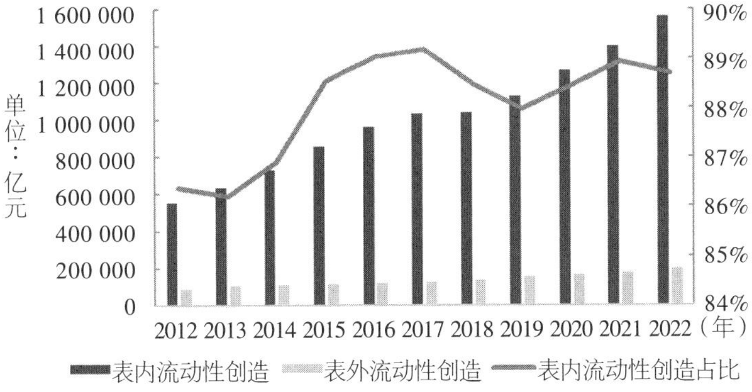

（a）流动性创造额

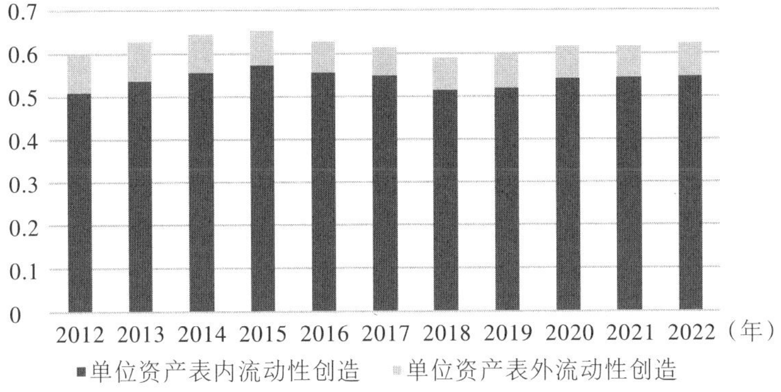

（b）单位资产流动性创造

图6-3 2012—2022年我国商业银行流动性创造

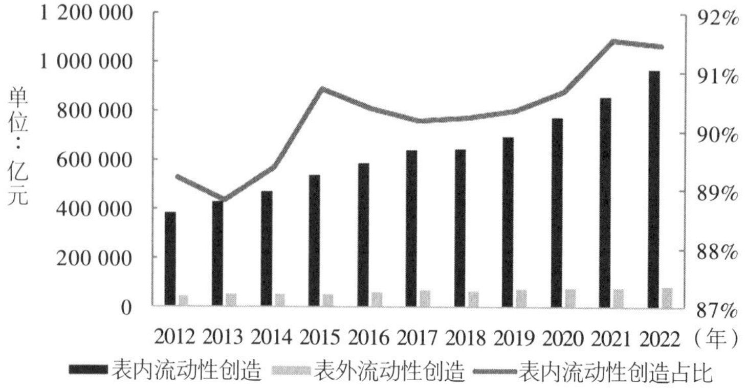

（a）流动性创造额

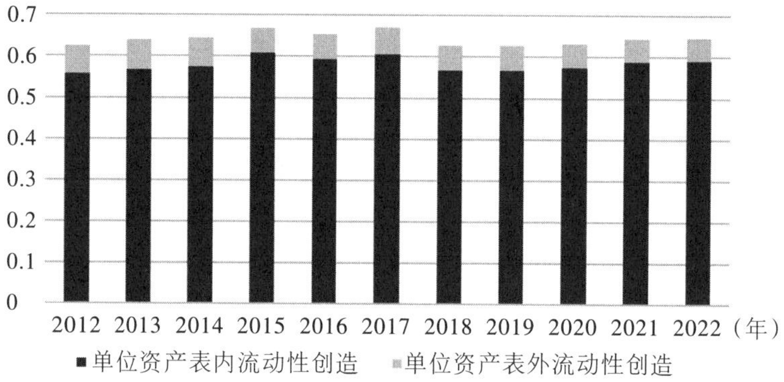

（b）单位资产流动性创造

图6-4　2012—2022年我国国有商业银行流动性创造

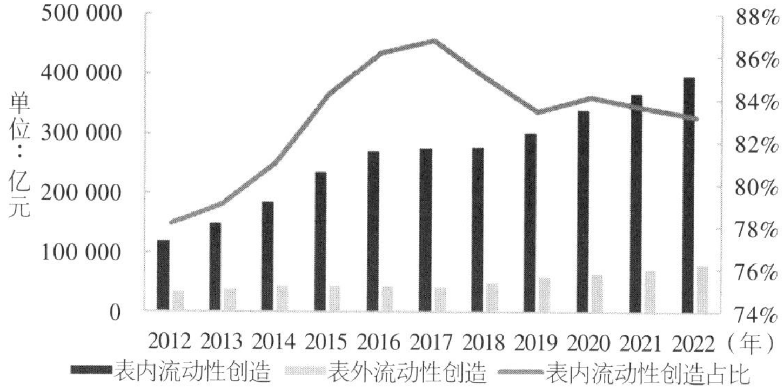

（a）流动性创造额

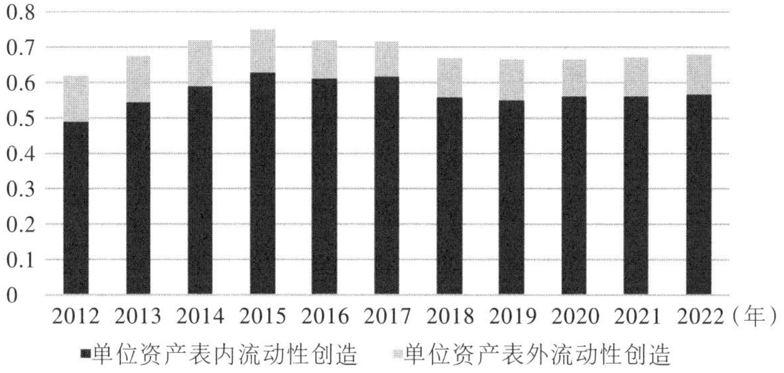

（b）单位资产流动性创造

图6-5　2012—2022年我国股份制商业银行流动性创造

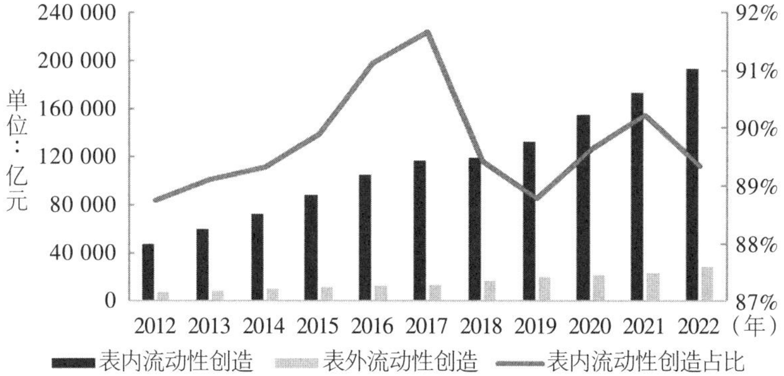

（a）流动性创造额

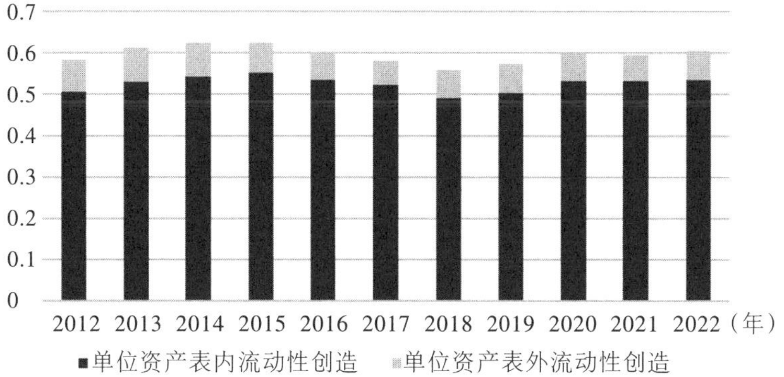

（b）单位资产流动性创造

图6-6　2012—2022年我国城商行及农商行流动性创造

如图6-3（a）、图6-4（a）、图6-5（a）、图6-6（a）所示，首先，无论是整体商业银行还是各类别商业银行，其表内流动性创造总量都远远大于表外流动性创造总量。其中，国有商业银行虽然数量最少，但其表内、表外流动性创造规模都是最大的，股份制商业银行次之，数量占比最大的城市及农村商业银行则由于地域受限，经营规模相对较小，业务水平相对落后，从而造成流动性创造水平占比较低。

其次，从趋势上看，自2012年以来，各类商业银行的流动性创造水平大体呈现稳步增长的态势，这主要得益于我国金融体制的持续深化改革，以及对提升金融服务实体经济能力的不断强调。商业银行在服务实体经济的过程中，积极回应经济社会发展和人民群众对流动性的需求的日益增长。同时，我国在社会发展中更加注重财政金融统筹联动，通过多方精准发力，发展普惠金融、绿色金融。比如，我国中央银行发挥货币政策工具的总量和结构双重功能，持续加大对相关领域和薄弱环节的支持力度，综合运用降准、再贷款、再贴现等政策，保持流动性合理充裕，并采取具体措施降低小微企业、绿色产业的融资门槛和融资成本，持续加大信贷投放力度，不断提升信贷可得性和便利性，有效缓解企业的融资约束。

最后，从表内流动性创造规模可以看出，国有商业银行仍是流动性创造的主体，占比一直在60%以上，但随着金融市场化程度不断加深，其比重呈逐年下降趋势，垄断地位有所下降。2018年，各类商业银行的表内流动性创造规模都出现了一定程度的下滑，主要原因为：第一，我国经济进入新常态，商业银行不良贷款率激增；第二，2017年被金融业称为“史上最严”监管年，重要监管政策密集发布，大额罚单不断开出，一定程度上影响了商业银行的流动性创造水平。

从图6-3（b）、图6-4（b）、图6-5（b）、图6-6（b）可以看出，商业银行整体单位资产流动性创造水平稳定在0.6左右，而且单位资产表外流动性创造水平远远低于单位资产表内流动性创造水平。其中，股份制商业银行单位资产表外流动性创造平均水平最高，城商行和农商行最低，说明股份制商业银行在利用表外业务创造流动性方面具备较强的能力。对于地方性银行来说，由于受经营规模及地域限制，表外业务流动性已经成为流动性创造过程中的明显短板。

6.1.2 基于流动性创造视角的机制分析

当前学术界一致认为ESG能够促进银行流动性创造。首先，ESG表现较好的银行通常具有更强的风险承担和风险吸收能力，因此流动性创造能力也会较强（Liu et al.，2023；宋科等，2022）。其次，增加ESG投融资不仅可以缓解银行流动性创造约束，为流动性创造营造良好的外部环境，还可以降低银行自身的融资成本，增强流动性创造能力（王宏涛等，2023）。最后，ESG信息披露可以缓解银行与利益相关者之间的信息不对称，既能提升储户对银行的可信度，从而吸收更多存款（Azmi，2021）；又能减少银行的财务限制，帮助银行从外界吸收核心战略资源，从而获得更大的现金流（Cui et al.，2018；Chauhan and Kumar，2018）。

1）环境维度的流动性创造中介机制研究

在资产端，《绿色信贷指引》《银行业保险业绿色金融指引》等绿色金融政策的正式出台鼓励商业银行加大对绿色产业的支持，不仅优化其自身在环境和社会方面的表现，还在发展过程中优化了信贷结构，提升了服务水平，实现了贷款规模的稳步增长，如图6-7所示。

绿色信贷是一种典型的政策性专项贷款，是商业银行为支持国家实现碳达峰、碳中和，促进环境保护和治理，满足环境需求所提供的低成本信贷支持。绿色信贷具有以下几个特征：

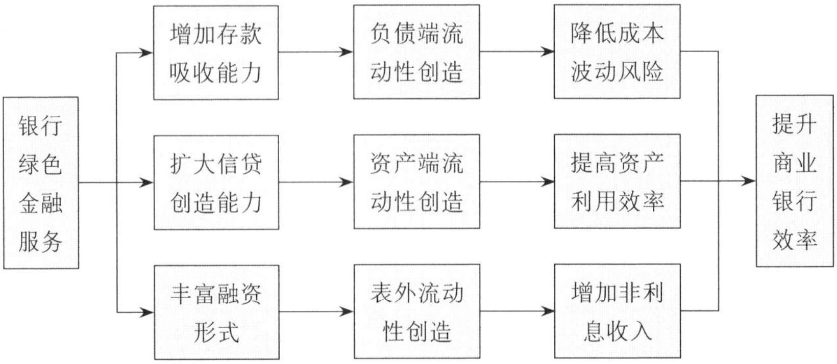

图6-7　基于流动性创造的环境维度影响机理

（1）政策性强。首先，中国人民银行按照正向激励和市场化原则，采取"先贷后借"的直达机制，2018年6月将绿色债券和信贷资产作为中期借贷便利的合格担保品，增加了绿色资产的需求，提高银行的风险缓释能力，并采用碳减排支持工具补充银行流动性，使金融机构更积极地发放绿色贷款、发行绿色金融债券或购买优质绿色企业债券，从而刺激银行加大绿色信贷供给，提高绿色企业的信贷可得性。其次，中国人民银行采用再贷款等各项结构性货币政策工具刺激绿色信贷供给，引导商业银行将信贷资源向绿色领域倾斜。此外，中国人民银行还将绿色信贷业绩结果纳入宏观审慎考核，绿色信贷在银行评价体系中的权重占比为6%，进一步激励引导商业银行对绿色信贷资源的投放。

（2）用途特殊。中国人民银行按照精准滴灌原则，遵照《绿色产业指导目录》[①]及碳减排支持工具的发放要求，对符合条件的项目，包括节能环保产业、清洁生产产业、清洁能源产业、生态环境产业、基础设施绿色升级产业、绿色服务产业提供低成本的信贷资源。

（3）利率优惠。绿色贷款按照国家规定实行优惠利率，一般低于

① 2019年2月，国家发展改革委、工业和信息化部、自然资源部、生态环境部、住房和城乡建设部、中国人民银行、国家能源局联合印发《绿色产业指导目录》。

基准利率。中国人民银行绿色再贷款采取“先贷后借”的直达机制，银行发放绿色贷款可以获得再贷款支持，银行的再贷款资金成本相对较低，有助于金融机构降低资金成本从而更好地让利实体经济。例如，目前碳减排支持工具的利率仅为1.75%，与再贷款利率相等，对金融机构有较强的激励作用，支持银行发放更多的绿色贷款。

（4）期限较长。绿色信贷资金通常流向可再生能源、清洁能源、节能减排技术等领域，以推动绿色技术的研发和应用。绿色领域的项目具有周期长的特征，必然要求与之匹配的资源投入沉淀时间相应拉长，因此绿色信贷资金的期限要求也往往较长，这些特征极大地增加了商业银行风险控制的难度，使其在信贷决策过程中面临“不敢贷”“不愿贷”的困境。

商业银行大力开展绿色信贷，积极支持经济绿色转型，广泛参与绿色企业、金融债券及绿色资产支持证券等各类金融产品的承销与投资活动，为生态文明建设注入了源源不断的金融动力，赢得了更多外界的关注及认可，稳固客户基础，提高其品牌价值和预期的获利能力，为银行带来超额利润。

由此可见，作为银行的资产负债直接配置行为，绿色信贷通过影响银行的存款吸收能力、信贷供给规模等特征，对表内、表外流动性创造产生显著效应，并通过增加收入、降低风险等途径提升银行利润效率。商业银行在环境维度的良好表现能增加各类贷款和投资规模，以及商誉等非流动性资产规模，降低现金资产等流动性资产规模，使资产端流动性创造水平提高。

在负债端，商业银行认真践行ESG理念会获得监管机构及社会的支持和认可，增加中央银行借款、活期存款及金融负债等流动负债规模，对流动性创造水平的提高产生积极影响。例如，在绿色专项贷款方面，商业银行认真践行ESG理念能够更容易获得中央银行的资金支持，增加中央银行借款这一流动性负债的规模，同时增加贷款这一非流动性资产的规模。为加快实施绿色金融战略规划，提高服务质效，商业银行积极推动金融产品及服务创新，在一定程度上增加了活期存款规模，并通过绿色金融产品创新与宣传推广吸引更多投资者，进而增加金融负债。

在表外业务端，商业银行通过绿色承兑汇票、绿色信用证、贷款承诺等方式对绿色产业提供支持，有效满足了绿色企业的资金支付与融资需求。商业银行表外业务的开展还有助于促进绿色产业领域多层次融资体系的完善，增加实体经济获得流动性的渠道，为金融市场提供更多的投资机会，间接提升商业银行的流动性创造水平。

因此，商业银行在环境维度通过一系列经营举措能够使其整体流动性创造得以增加，绿色信贷不仅在推动可持续发展方面发挥着积极作用，还能够降低资金成本，增加银行的利息收入，提升整体效率。

2）社会维度的流动性创造中介机制研究

商业银行的利益相关者群体广泛，除股东之外，还包括职工、客户、供应商及社区等众多主体。基于流动性创造的社会维度影响机理如图6-8所示。

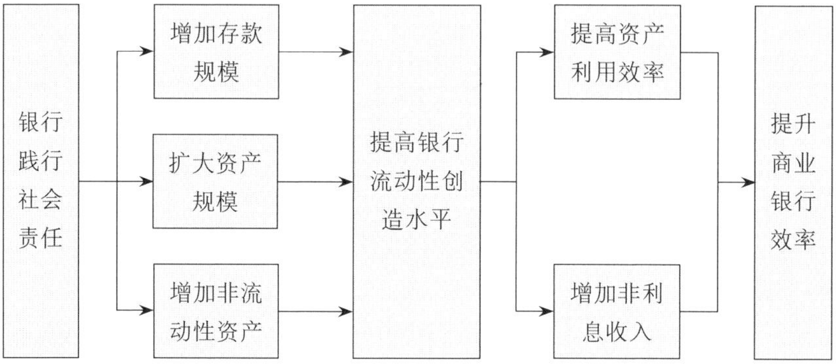

图6-8　基于流动性创造的社会维度影响机理

从股东的角度来看，股东是企业的所有者，商业银行的一切经营活动都应考虑对股东权益的影响。由于股东对利益和绩效的追求，商业银行会在稳健经营的基础上持续改善经营质态，突出自身优势，提升市场形象，从而增加息差收入，实现利润增长。

从员工的角度来看，员工工作效率会直接影响银行的绩效，商业银行只有切实保障员工的劳动权益，完善员工的教育培训体系，提升员工的岗位技能，积淀员工的职业素养，才能更好地保障和助力各项业务顺利、高效地开展，进而促进商业银行创造更多流动性，增强核心竞争力。

从客户的角度来看，长尾客群是商业银行客户中最主要的客户群体。除了高端客户外，资产在中部以及中低部以下的客户由于需求规模相对较小、个体影响力有限，而未得到充分关注和服务。政府为了鼓励商业银行开展普惠小微贷款业务，采取了多种财政金融政策引导金融资源流向小微企业。例如，中国人民银行自2017年以来通过多次定向降准等结构性货币政策释放长期资金，降低银行融资成本，增加银行的稳定资金来源，支持商业银行发放普惠金融领域贷款，加大对小微、民营企业等普惠金融领域的低利率信贷支持力度，发挥了定向降准的正向激励作用，使小微企业，尤其是“专精特新”中小企业获得发展所需资金。此外，我国货币当局和地方政府为了进一步撬动银行扩大普惠小微企业贷款投放量、补偿积极开展普惠金融贷款银行的风险损失，主动对普惠业务给予外部风险补偿。例如，中国人民银行采用事后激励原则，运用利率互换协议的形式对普惠小微贷款给予一定的激励资金，疏通货币政策传导，激发银行贷款意愿。江苏省出台了《江苏省普惠金融发展风险补偿基金管理办法》，制定了“普惠贷款风险补偿管理机制”，对商业银行的普惠贷款损失进行资金补贴。风险补偿机制在一定程度上能够缓解普惠小微贷款给银行带来的潜在风险，切实发挥激励引导和风险分担功能，支持营造银行敢贷、愿贷的良好氛围。商业银行应积极推动普惠金融创新，扩大普惠金融专项信贷资金规模，坚持政策性定位努力，做大担保业务规模。

从公益角度来看，商业银行在运营与制定政策时会面向青少年、新市民、老年客户等重点人群，积极开展常态化教育宣传，发挥集团社会捐助功能，支持社会公益慈善事业，不断提高社区投资规模，使商业银行的非流动资产得以增加。

根据利益相关者理论，商业银行承担社会责任的过程满足利益相关方的期望和诉求，利益相关方需求的实现反过来又会提升商业银行的表内及表外流动性创造能力。表内流动性创造水平的提高，意味着银行能够获得更高的息差收入；表外流动性创造水平的提高将增加银行的非利息收入，实现收入结构多元化，有助于提高银行的整体盈利水平，进而提升效率。

3）治理维度的流动性创造中介机制研究

从内部管理的角度来看，商业银行持续优化公司治理体系，不断提升治理效能，推进财务与非财务信息披露，多渠道加强与利益相关方的沟通与交流，从而争取更多客户，增强存款吸收能力，建立稳定的资金来源渠道，增加存款及投资者的投资规模，同时可适度降低现金比例，如图6-9所示。

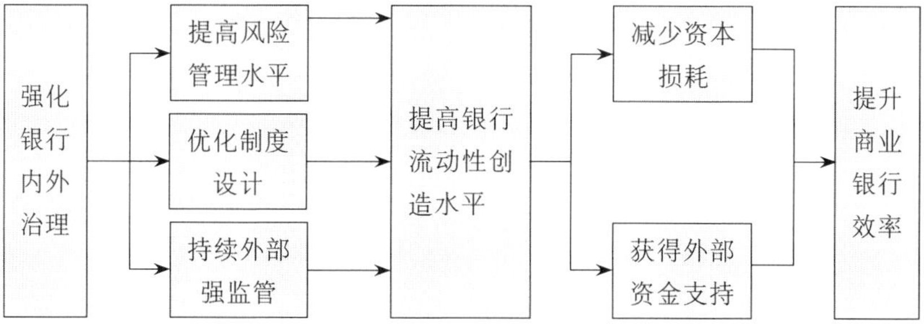

图6-9　基于流动性创造的治理维度影响机理

从风险管理的角度来看，商业银行不断完善全面风险管理体系建设，坚决筑牢不发生系统性风险的防线。例如，为了降低自身风险隐患，商业银行可以降低买入返售款项、衍生金融资产等可能蕴含金融风险的资产，或者在负债端减少次级债所占比例，还可以针对特殊客户如小微企业的特性、固有经营模式和风险特征，借助大数据、人工智能、区块链、云计算、5G等前沿技术，提升自身的风险管理能力，积极转变经营模式以适应不断变化的市场需求，解决与用户之间的信息不对称问题，通过精准画像对用户进行全面识别，拓宽小微客户服务面，打造更便捷灵活的经营模式，制定更精准的金融策略，在降低自身风险承担水平的同时促进小微企业融资增量、扩面、降价，助力经济高质量发展。

从员工治理的角度来看，为达到可持续发展的目标，商业银行通过着力打造各类重点人才队伍、健全人才交流机制、完善员工培养发展机制等举措建设人才队伍，从人才角度优化内部经营，增强商业银行的可持续发展能力，通过提升员工工作水平提高流动性创造水平，通过激励约束机制完善绩效考评体系，激发贷款增长的内生动力。

从外部监管的角度来看，良好的ESG表现促使商业银行加强社会监督作用，吸引客户与银行建立稳定的合作关系。商业银行通过廉洁风险防控等举措，推进反腐败、反舞弊以及廉洁银行建设，不仅能够降低非流动资产的损失进而促进自身流动性创造水平的提升，还会极大程度地缓解政府压力，帮助银行与政府、监管部门建立良好的关系，获得政府在政策、税收、财政等方面的支持，减轻外部监管压力，为流动性创造营造良好的外部环境，实现银行稳健经营和社会经济稳定的“双赢”发展。

流动性创造即商业银行将交易存款转化为商业性贷款，流动性创造水平越高，银行越能有效地将吸收的资金转化为收益性资产。

基于上述影响机制分析，本书提出以下研究假设：

H1：商业银行ESG表现通过流动性创造渠道提升利润效率。

H1a：商业银行ESG表现通过表内流动性创造提升利润效率。

H1b：商业银行ESG表现通过表外流动性创造提升利润效率。

6.2 基于融资成本视角的机制研究

银行融资可分为内部融资和外部融资。其中，内部融资为将留存盈余转化为投资的过程，实际上是对自身追加的投资；而外部融资为吸收其他个体资金，将其转化为自身营运和投资资金的过程。由于内部融资比例较小，对融资成本几乎没有影响，且作为一种机会成本不易度量，因此本研究不予考虑。

在外部融资中，商业银行作为高负债的企业，主要有存款和债务两个融资渠道。存款，包括家庭和小公司在银行中存放的各种类型的存款。作为商业银行的主要债务融资渠道，这类资金具有“无担保”特征，即存款人不要求银行提供抵押品作为持有他们资金的担保。作为银行的被动负债，存款成本是银行融资成本的主要构成部分。除存款以外的其他债务融资，包括同业拆入、向中国人民银行借款、债券融资，以及大额可转让定期存单、出售或发行商业票据等。作为银行的主动融资方式，这类资金会影响银行的利息负担、偿债压力，对银行经营产生直接影响。

从可持续发展的角度来看，银行债务融资成本与估值取决于银行长期经营的健康程度，而银行是否可以长期经营与ESG密切相关，如图6-10所示。

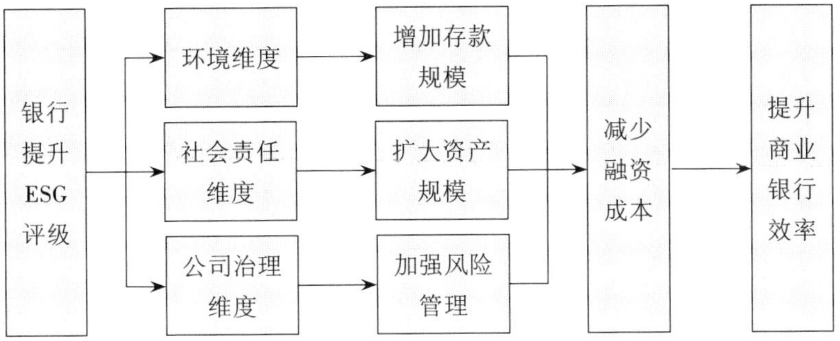

图6-10　基于融资成本中介的银行ESG对效率的影响机理

6.2.1　环境维度的融资成本机制研究

随着中国环保标准的提高，“两高一剩”行业收益下降，风险上升，而环境保护型产业作为政策导向型产业，有着良好的发展前景。马骏（2015）、张琳和廉永辉（2019）等学者认为绿色金融是商业银行发展的新方向，商业银行开展绿色金融业务有助于抓住绿色经济发展的机遇，带动绿色信贷、绿色保险、绿色基金等绿色金融业务的发展，占据优质的绿色项目资源，降低资本成本，增加其利息收入与中间业务收入，增加收益，实现利润的增长。与此同时，商业银行开展绿色信贷还有助于提高社会声誉、实现差异化竞争、管理环境风险，进而对银行绩效产生积极的影响。此外，银行增加绿色信贷投放向外界传达了其重视环保融资业务且业务能力较强的信号，从而有助于吸引绿色投资者，并更易以较低的利率发行绿色债券，降低融资成本。

1）气候变化会增加银行融资难度

气候物理风险和转型风险①通过改变自然环境和政策转型对商业

① 物理风险是指由于气候和天气相关事件造成的经济成本和财物损失，包括极端气候事件（如热浪、洪水、沙尘暴、野火和风暴）和气候模式的长期渐进变化（如平均温度上升、降水变化、海平面上升和海洋酸化等）；转型风险是指在快速低碳转型过程中，由于气候政策实施、技术创新、能源消费转型、市场偏好、法律变化和环境社会规范转变等因素的影响，企业发生成本收益变化和资产价值重估，进而通过金融部门敞口对金融稳定产生影响。

银行的融资成本产生影响。首先，中国香港金融管理局在2012年通过气候风险压力测试，发现气候转变会削弱银行的资本。例如，在失序转型[①]情境下的5年评估期里，银行承受的信贷风险会急剧增加。高排放行业贷款、金属及采矿以及运输行业的年度信贷成本将会上升，被评估的信贷风险加权资产大幅增加，导致银行资本状况明显恶化。其次，中国作为全球生产和消费模式的主要驱动力之一，力争于2030年前实现二氧化碳排放达到峰值、2060年前实现碳中和，在此过程中，我国将逐步淘汰原有化石燃料的相关政策和法规，届时可能会面临财政和金融波动，增加商业银行的融资难度。最后，严重的气候灾害（即风灾及水灾）会令物业贬值并影响企业营运。企业受到物业贬值与自然灾害的影响会收缩自身规模，导致居民失业率升高，降低投资热情，从而增加银行的融资成本。

2）银行通过发放绿色信贷和绿色债券可以有效降低融资成本

首先，商业银行通过发行绿色信贷树立环境保护的绿色声誉，提高自身的环境维度得分，同时获得利益相关者的支持，争取关注绿色环保的客户资源，吸引众多绿色利益相关者进行投资，并实现差异化竞争，降低环境风险，从而提高银行的经营业绩，实现可持续发展（丁宁，2020；Luo et al.，2021）。其次，绿色债券作为一种主动的债务融资工具，具有期限长、单次发行规模大、绿色溢价较低的特点，大部分绿色债券的收益率明显低于普通债券，可有效降低融资成本。银行通过增加绿色信贷投放向外界传达其支持环境保护的信号，减少银行和外部投资者之间的信息不对称，增加发行低利率绿色债券的概

① 失序转型路径假设有关当局突然改变气候政策，有序转型路径则假设有关当局尽早采取循序渐进的措施达到《巴黎协定》的气候目标。两个转型风险情境均以央行与监管机构绿色金融网络（Network of Central Banks and Supervisors for Greening the Financial System）推算的全球二氧化碳排放量及碳定价的轨迹为主要指标。在本书的两个情境下，参与银行需要评估其对7个行业的风险承担所受的潜在影响，这7个行业包括物业发展业及6个高排放行业，即能源、公用事业、金属和采矿、制造、运输以及建筑。

率。商业银行的投资者大多厌恶风险，而绿色债券的低风险水平与厌恶风险的投资者们的偏好相一致，吸引了厌恶风险的投资者对银行的广泛关注，获取绿色利益相关者的支持。

其次，为鼓励商业银行投放绿色信贷，政府部门会提供形式多样的财政政策和资金支持。例如，金融机构向重点领域发放碳减排贷款后，中国人民银行会向金融机构提供利率为1.75%、期限1年、贷款本金的60%的低成本再贷款；厦门政府按2022年辖内银行业金融机构绿色信贷增量的0.02%给予资金支持。以上中央政府和地方政府的支持政策大大降低了商业银行的融资成本。

6.2.2 社会维度的融资成本机制研究

商业银行作为金融资源配置的重要信用中介机构，其经营业务的复杂性、涉及主体的多元性以及较强的经济渗透性决定其社会责任履行情况会格外受到社会关注。同时，诸多的规章制度也对商业银行履行社会责任提出了明确要求。银行自觉履行社会责任不仅有利于建立自身的声誉优势，获取公众信任，进而增强市场竞争力，更是一项符合经济结构转型升级及实现可持续发展目标的重要战略举措。

基于信号传递理论，银行积极披露企业社会责任等非财务信息，有助于投资者更直观地了解银行的经营状况，缓解投资人与银行之间的信息不对称问题，降低投资者的投资风险报酬预期，从而降低债务融资成本。另外，Brian（2016）发现财务报表可读性较差会导致银行的债务融资成本偏高，同时也会明显加大不同评级机构对同一次发行评级的分歧。

根据利益相关者理论，银行积极承担社会责任一方面为股东、债权人、员工和客户创造了价值，并维护他们的权益；另一方面通过金融创新和信贷供给两条渠道改善服务的“质”与“量”，最终促进竞争力提升（段军山和庄旭东，2021）。具体而言，商业银行履行社会责任既能增加对优质客户的吸引力，降低银行的融资成本，进而提高经营业绩（Wu and Shen，2013；Shen and Cornett ，2016），又能增强银行抵御风险的能力，提升银行的资产质量，进而降低破产风险（Bolton，2013）。

对于股东和债权人而言，商业银行开展慈善活动，增强金融普惠性，更好地满足人民群众和实体经济多样化需求，有利于吸引更多的投资者进行股权和债务投资，显著降低股价崩盘风险，降低债券投资者对利率的期望和银行的债务融资成本。

对于银行员工，商业银行需要维护其合法权益。商业银行应依法与职工签订并履行劳动合同，坚持按劳分配、同工同酬，建立工资正常增长机制，按时足额缴纳社会保险；尊重职工人格，公平对待职工，杜绝性别、民族、宗教、年龄等歧视行为；加强职业教育培训，创造平等发展机会；加强职代会制度建设，深化厂务公开，推进民主管理；关心职工生活，切实为职工排忧解难。Ge（2015）认为这有利于降低商业银行的诉讼风险，减少负面影响，避免不必要的声誉损失。

对于银行客户，商业银行承担社会责任会对存款产生积极的影响。当银行在社会责任方面表现良好时，会增强公众对银行的信任，增加低利率存款量，降低融资成本。

商业银行认真践行普惠金融理念，能够享受央行的降准政策。例如，央行对达到普惠金融定向考核标准的银行定向降准 0.5 至 1 个百分点；对符合条件的股份制商业银行再额外定向降准 1 个百分点，间接对商业银行提供资金支持，降低其融资成本。此外，商业银行提供更优质的业务服务、开发更多的理财产品能够吸引更多的客户存款，而存款相比于债务和股权融资有着更低的融资成本。

6.2.3 治理维度的融资成本机制研究

完善的公司治理结构可以帮助商业银行及时地防范、化解风险，促进银行的健康发展。治理水平高的银行，其董事会和管理层的关系更融洽，更容易获得客户的信任，以此减少信用违约风险，降低不良贷款率，降低银行的资本成本（Liu and Justin，2023）。

首先，健全的公司治理结构和风险内控体系能提升公司未来的财务安全性，促进利益相关者共同受益，使投资者愿意承担更多的溢价，从而降低融资成本（刘银国和朱龙，2011）。大股东数量越大，其监督动机和监督能力越强，拥有更好的外部环境。多个大股东能通过抑制控股股东的掏空行为降低企业融资约束，从而降低债务融资成本（王运通等，2017）。

其次，完善的管理体系能降低监管机构的处罚，避免不必要的支出。此外，监管机构对公司治理不完善的银行有相应的惩罚。根据《金融控股公司监督管理试行办法》的规定，商业银行的经营将被进一步规范，针对资本、行为及风险进行全面、持续、穿透监管。商业银行的违规行为将被严厉禁止，一些不符合要求的业务将被要求进行整改、叫停，甚至没收其经营许可。那些经营困难、严重危害金融秩序、损害公众利益的商业银行将被依法退出。因此，倘若银行的公司治理不符合国家的要求和准则，会面临业务停滞、声誉受损、降低投资者热情的局面，进而提高融资成本。

最后，外部审计质量对内部会计稳健性与债务成本存在交互影响。提高会计稳健性有利于债权人对企业进行监督和管理、制约管理者，使债权人更愿意提供融资，降低银行的债务成本。

此外，银行高管的学术经历也会影响其债务融资成本。学术经历在一定程度上反映了高管的专业知识水平和道德标准，学术经历丰富的高管往往更加严谨、自律，在逻辑和行为上更加审慎和保守，风险规避程度更高，容易获得低成本的债务融资。罗进辉（2022）的研究表明，银行高管团队稳定性越高，其债务融资成本越低。稳定的高管团队有助于降低外部债权人的风险感知，进而降低债权人的风险溢价要求。

融资成本的下降能帮助商业银行减少投入，实现增加产出、降本增效的目的，对银行利润效率产生正向影响。Girardone 等（2004）的研究发现，商业银行拥有的资本规模越大、风险越低，其融资成本越低、利润越高。

综上所述，本书认为银行ESG与债务融资成本之间存在紧密的关系，而债务融资成本又是商业银行的主要资金来源，其成本的下降将有助于商业银行提升资源的有效配置，增加利润，故提出以下研究假设：

H2：商业银行ESG表现通过降低债务成本提升利润效率。

6.3 基于声誉视角的机制研究

声誉，也指声望和名誉，是一种需要长期孕育累积的无形资本，会实现价值增值。美国著名声誉管理学家戴维斯·扬指出：“良好的声誉就是你最重要的财富，特别是在你身处困境时。”良好且稳定的声誉有利于企业克服困难，而不良声誉会成为企业发展的阻力。因此，企业组织不但要实现持续经营，还要重视声誉。

对于企业来说，声誉以信任为核心，是评价其在知名度、美誉度和信任度三个方面得到社会公众信任度和受赞美程度高低的一个重要指标，是利益相关者对企业多方面属性或特征的总体印象或评价，是各种属性与特征综合发挥作用的结果。

企业的声誉管理不仅包括声誉的创立、维护和发扬，还是社会公众和企业之间信任关系的一种体现和纽带。在当代商业环境中，声誉的卓越表现也是具有竞争优势的体现。银行若拥有卓越声誉，不仅可以赢得社会公众的认可和信任，拥有更为丰富的市场资源和更为优越的信息环境，更大程度地依赖外部环境，更会激发自我约束的动力，实现持续经营。

商业银行作为一种典型的信用机构，其行为和业务涉众性强、外溢效应大，想要在激烈的市场竞争中脱颖而出，声誉管理变得至关重要。尽管声誉并不会直接作用于生产，但是良好的声誉会极大地增强和巩固企业组织内部的凝聚力、向心力，激发员工的积极性、创造性，增强其敬业精神，提高其工作效率。

首先，根据信号传递理论，声誉能够通过影响信息传递、行为决策等途径来提升商业银行的竞争力和影响力。良好的声誉不仅能够传递积极的质量信号，缓解融资市场中的信息不对称问题，更重要的是能展现银行的良好形象。银行的诚信经营和履行社会责任的行为更容易获得市场的接受、认可和关注，有助于提高外部投资者的投资意愿和信心，进而极大地削弱管理层为获得外部融资而实施机会主义的动机。

其次，良好的声誉能提高银行的盈利能力，银行的业绩和市场对银行的评价具有高度相关性，这不仅放大了品牌声誉的收益，相应地，其声誉风险的影响面也更广、危害性更大。因此，银行应进行声誉管理，良好的声誉管理能为其带来长期收益；相反，声誉受损也会给其带来损失。

因此，商业银行应积极地承担社会责任，赢得社会各界的认可与信任，给经营活动提供宽松和谐的外部关系环境。在高度信息化发展的背景下，互联网极大地促进了商业银行业务渠道的扩展，为其经营管理提供了前沿的技术和方法。

然而，信息传递与共享的便捷性也使商业银行面对更大的声誉风险。近年来，我国社会舆论已经成为最具强有力的市场监督要素，因此，信息公开化给商业银行的声誉带来更多的潜在危险，使其随时都面临着社会舆论的监督。当银行因自身行为、从业人员行为或外部事件等，导致利益相关方、社会公众、媒体等对银行形成负面评价时，可能会面临客户和存款大量流失、零售业务减少、资产质量下降、品牌价值受损，甚至变现困难，产生流动性风险，威胁银行的正常运营。即便银行花费大量的精力和财力用于事后的危机管理，这些负面评价还是会严重影响银行效率，如果措施不当、不及时，还会给银行造成实质性损害。

商业银行应积极响应我国“十四五”战略方针，践行ESG理念，做好“科技金融、绿色金融、普惠金融、养老金融、数字金融五篇大文章”，向社会公众和投资者传递积极的企业形象信息，提高声誉和市场容忍度，以缓冲外部不利冲击，维持银行稳健经营，促进利润效率水平的提升。

基于此，本书提出以下研究假设：

H3：商业银行践行ESG理念会提高声誉进而提升利润效率。

6.4 机制模型设计

6.4.1 模型构建

为了考察商业银行ESG表现对利润效率影响的内在机制，本研究分别将流动性创造、表内流动性创造和表外流动性创造、债务融资成本、声誉作为中介变量，利用逐步回归法检验其中介效应是否明显，在模型（5-1）的基础上构建模型如下：

$$LCR_{i,t}（FC_{i,t}、RE_{i,t}）=\beta_0+\beta_1\times ESG_{i,t}+\sum\beta_i\times Control_{i,t}+\gamma_i+\delta \quad (6-10)$$

$$EFF_{i,t}=\lambda_0+\lambda_1\times ESG_{i,t}+\lambda_2\times LCR_{i,t}+\sum\lambda_i\times Control_{i,t}+\gamma_i+\delta_t+\varepsilon_{i,t} \quad (6-11)$$

其中：$LCR_{i,t}$= ｛$TLC_{i,t}$、$LC\_ON_{i,t}$、$LC\_OFF_{i,t}$｝，分别表示i银行第t年的单位流动性创造、表内流动性创造与表外流动性创造，反映商业银行流动性创造水平的高低；$FC_{i,t}$表示商业银行i在t期的债务融资成本；$RE_{i,t}$表示商业银行i在t期的声誉。在公式（5-1）中，α_1反映商业银行ESG表现对效率影响的总效应，λ_1表示商业银行ESG表现对效率影响的直接效应，中介效应的大小由$\alpha_1-\lambda_1$衡量。根据中介效应检验程序，若系数α_1、β_1、λ_2均显著，且系数λ_1较α_1变小或显著性下降，则表明存在中介效应。其他符号含义与前文一致。

首先，采用模型（5-1）检验商业银行ESG表现对效率净效应的影响；其次，采用模型（6-10）分别检验商业银行ESG表现的净效应对中介变量流动性创造、表内流动性创造与表外流动性创造、债务融资成本、声誉的影响；最后，采用模型（6-11）控制中介变量，检验商业银行ESG表现对效率净效应的作用。

6.4.2 数据来源与样本选取

本书以2012—2022年中国64家商业银行的年度数据作为研究样本，相关数据主要来源于Wind数据库和商业银行年报，共有457个观测值，其中包括6家国有大型商业银行、10家股份制商业银行、37家城市商业银行、11家农村商业银行的数据，所有数据处理均使用Stata17.0。

6.4.3 变量选取

1）被解释变量

本节利用基于超越对数距离函数SFA模型，选取了营业支出和利息支出两个投入指标，税前利润总额和贷款及垫款两个产出指标，人力投入回报率、所得税/利润总额两个影响因素（分别反映银行的员工生产力和营运能力），测度利润效率（*EFF*），具体做法见第4章的内容。

2）解释变量

本节使用熵权法测度的商业银行ESG评分（*ESG*）作为解释变量，具体做法和结果见第3章的内容。评分越高表明商业银行ESG表现越好，水平越高；反之亦然。

3）控制变量

参考郭晔等（2020）、田国强和李双建（2020）的做法，考虑到商业银行特征对其效率的影响，本研究选取以下银行微观控制变量：资产收益率（*ROA*）、资本充足率（*CAR*）、存贷款比率（*LDR*）、资产负债率（*TDR*）、拨备覆盖率（*PCR*）、资产规模（ln*Asset*）、银行年龄（*AGE*）、不良贷款率（*NPL*）、销售净利率（*NPM*）等，见表6-4。

表6-4 **主要变量说明**

变量性质	变量名	符号	变量说明
被解释变量	利润效率	*EFF*	一定投入产出下银行利润接近最优利润的程度，具体见第4章
解释变量	ESG评分	*ESG*	基于熵权法的ESG评分，具体见第3章
控制变量	一般风险准备对数	ln*GRP*	银行为应对可能出现的风险损失而计提的准备金，反映银行的抗风险能力
	资产规模	ln*Asset*	总资产的自然对数，反映银行的规模

续表

变量性质	变量名	符号	变量说明
控制变量	加权资产风险资产比率	*RISK*	加权资产风险余额/总资产余额×100%，反映银行单位资产风险承受能力
	营业收入增长率	*GRO*	（第 t 年营业收入净额-第 $t-1$ 年营业收入净额）/第 $t-1$ 年营业收入净额，反映银行盈利增长能力
	不良贷款率	*NPL*	不良贷款/总贷款余额×100%，反映银行的资产质量
	银行年龄	ln*AGE*	银行从成立到现在的年数，反映了银行的历史和经验
	所有者权益对数	ln*OE*	资产扣除负债后，由所有者享有的剩余权益，既反映所有者投入资本的保值增值情况，又体现保护债权人权益的理念
	有息资产负债率	*DR*	有息债务/总资产×100%，表明银行全部资产对有息债务的偿还能力
	资产负债率	*TDR*	负债总额/资产总额×100%，见表5-1
	贷款拨备率	*LPR*	贷款呆账准备金/贷款总额×100%，见表5-1
	资本充足率	*CAR*	资本/风险加权资产×100%，反映银行遭遇重大损失时自有资本的风险防范能力
	拨贷比	*ALR*	拨备余额/贷款总额×100%，反映银行的风险抵御能力
	非利息收入占比	*IR*	非利息收入/总收入×100%，反映银行收入结构的多元化程度
	净息差	*NIM*	（利息收入-利息支出）/平均生息资产余额×100%，反映银行的盈利能力

续表

变量性质	变量名	符号	变量说明
控制变量	营业收入增长率	*GRO*	（本年营业收入-上年营业收入）/上年营业收入×100%，反映企业的经营状况和市场竞争力
	总资产周转率	*TAT*	营业收入/平均资产总额×100%，反映企业的资产利用效率
	成本收入比	*CIR*	营业成本/营业收入×100%，反映企业的成本控制能力和经营效率
	加权风险资产比率	*RISK*	加权风险资产/总资产×100%，反映银行资产的风险水平
	存贷款比率	*LDR*	贷款总额/存款总额×100%，衡量银行的流动性风险
	资产收益率	*ROA*	净利润/总资产×100%，反映商业银行的资产盈利能力
	拨备覆盖率	*PCR*	（一般准备+专项准备+特种准备）/（次级类贷款+可疑类贷款+损失类贷款）×100%，是商业银行防范风险的体现
	净营业收入对数	ln*NOI*	净营业收入的自然对数，反映企业的经营盈利能力
中介变量	流动性创造	*LCR*	流动性创造水平/总资产×100%
	表内流动性创造	*LC_ON*	表内流动性创造水平/总资产×100%
	表外流动性创造	*LC_OFF*	表外流动性创造水平/总资产×100%
	债务融资成本	*FC*	利息支出/有息负债总额×100%，指银行通过发行债务工具筹集资金时所需支付的费用或成本
	罚单数	*RE*	将国家金融监督管理总局对银行开出的行政处罚次数加1后取自然对数，反映银行声誉的好坏（明雷等，2023）

4）中介变量

（1）流动性创造（*TLC*）、表内流动性创造（*LC_ON*）、表外流动性创造（*LC_OFF*）

流动性创造产生于“借短贷长”的期限错配，银行通过发行短期负债并持有长期资产，从而为市场提供流动性。银行不仅利用流动性较强的短期存款为流动性较弱的长期贷款进行融资，在资产负债表内创造流动性（Diamond and Dybvig，1983），还通过提供贷款承诺及其他表外资产业务，进行表外流动性创造（Holmstrom and Tirole，1998；Kashyap et al.，2002）。

本书的流动性创造水平参照Berger和Bouwman（2009）提出的全面综合测度银行流动性创造的B-B算法，在此基础上结合中国商业银行的具体经营情况，对银行的业务进行了分类，并按照模型对各个业务赋予了相应的权重，最后经过加权计算，得出流动性创造指标值，具体说明见表6-4。

（2）债务融资成本（$FC_{i,t}$）

债务融资成本指银行通过发行债务工具筹集资金时所需支付的费用或成本。本文使用利息支出与有息负债总额的比值反映债务融资成本。

（3）银行声誉（$RE_{i,t}$）

本书借鉴明雷等（2023）的研究，通过对国家金融监督管理总局的行政处罚数据进行整理，得到银行受到行政处罚的数据，并以银行受到行政处罚的次数加1后取自然对数作为声誉的代理变量。

6.5 实证结果与分析

6.5.1 主要变量的描述性统计及相关性检验

1）主要变量的描述性统计

被解释变量和解释变量与第5章描述的一致。其他控制变量的统计特征均属正常，标准差较小，说明变量数据合理可靠。中介变量单位资产流动性创造、单位资产表内流动性创造、单位资产表外流动性创造、债务融资成本、罚款的最大值和最小值之间差距比较大，说明银行间差距较大。

变量描述性统计结果见表6-5。

表6-5 变量描述性统计

变量名	观测值	均值	标准差	最小值	最大值
EFF	457	0.60	0.17	0.266	1.000
ESG	457	0.38	0.19	0.018	0.826
CIR	457	31.84	6.96	18.930	75.700
LPR	457	3.142	0.879	1.407	8.860
CAR	457	13.503	2.366	7.000	38.100
LDR	457	73.717	14.058	26.430	124.012
TDR	457	92.764	1.295	87.554	97.657
ln*Asset*	457	9.443	1.687	5.425	12.89
AGE	457	27.86	23.00	2	110

续表

变量名	观测值	均值	标准差	最小值	最大值
NPL	457	1.422	0.536	0.4	3.940
ROA	457	0.863	0.295	0.04	1.910
ALR	450	0.033	0.036	0.014	0.792
IR	450	0.238	0.123	-0.061	0.949
NIM	448	2.133	0.523	0.88	3.83
RISK	450	0.564	0.235	0	0.839
GRO	450	0.108	0.146	-0.401	1.513
TAT	379	0.021	0.007	0	0.037
DR	451	87.779	2.916	66.873	93.077
LCR	457	0.617	0.094	0.294	0.841
LC_ON	457	0.544	0.084	0.276	0.728
LC_OFF	457	0.073	0.045	0.000	0.278
FC	457	2.465	0.507	1.438	4.677
RE	450	14.478	28.465	0	286

2）相关性检验

为保证数据平稳可行，本书对所有变量分别进行了Pearson相关性分析、VIF检验、BP检验和White异方差检验。

为初步了解在不考虑其他条件下变量间的相关性，以确定各变量间的关系，本书使用Pearson相关系数检验变量之间的相关性，具体见表6-6。

表6-6　　主要变量Pearson相关性检验

	EFF	ESG	CIR	LDR	TDR	lnAsset	AGE	ROA
EFF	1							
ESG	-0.255***	1						
CIR	0.0670	-0.270***	1					
LDR	-0.091*	0.355***	-0.145***	1				
TDR	-0.003	-0.124***	0.187***	-0.287***	1			
lnAsset	-0.234***	0.795***	-0.319***	0.253***	-0.195***	1		
AGE	-0.081*	0.429***	-0.151***	0.404***	0.044	0.340***	1	
ROA	-0.095**	0.132***	-0.290***	-0.214***	-0.105**	0.438***	-0.129***	1
ALR	0.045	-0.096**	0.033	-0.017	-0.039	-0.094*	-0.010	-0.030
IR	-0.004	0.146***	0.079*	0.318***	-0.014	0.169***	0.269***	-0.080*
NIM	-0.101**	-0.122***	-0.044	-0.281***	0.006	-0.064	-0.214***	0.439***
RISK	-0.093**	-0.097**	-0.081*	-0.044	0.014	-0.071	-0.124***	0.078*
GRO	-0.020	-0.176***	-0.029	-0.182***	0.259***	-0.218***	-0.049	0.195***
TAT	0.073	-0.594***	0.177***	-0.249***	-0.061	-0.575***	-0.405***	0.029
LC-ON	0.165***	0.079*	0.124***	0.143***	0.126***	0.196***	0.0590	0.008
LC-OFF	0.108**	0.237***	-0.010	0.271***	0.145***	0.122**	0.393***	0.025
FC	-0.068	-0.199***	0.108**	0.030	0.320***	-0.489***	0.108**	-0.288***
RE	-0.161***	0.691***	-0.274***	0.516***	-0.235***	0.772***	0.450***	0.020
PCR	0.120**	-0.131***	0.020	-0.261***	0.068	-0.039	-0.122***	0.383***
CAR	0.057	0.170***	-0.174***	0.0430	-0.626***	0.356***	-0.007	0.340***

续表

	EFF	*ESG*	*CIR*	*LDR*	*TDR*	ln*Asset*	*AGE*	*ROA*
LCR	-0.209***	0.206***	0.104**	0.268***	0.195***	0.249***	0.265***	0.023
NPL	0.055	-0.012	0.044	0.155***	-0.155***	-0.088*	-0.031	-0.539***
ln*NOI*	-0.217***	0.703***	-0.142***	0.157***	-0.026	0.925***	0.242***	0.317***
ln*OE*	-0.214***	0.809***	-0.325***	0.338***	-0.100**	0.996***	0.448***	0.255***
ln*GRP*	-0.241***	0.807***	-0.317***	0.340***	-0.057	0.990***	0.441***	0.251***

	ALR	*IR*	*NIM*	*RISK*	*GRO*	*TAT*	*LC-ON*	*LC-OFF*
ALR	1							
IR	0.002	1						
NIM	-0.029	-0.479***	1					
RISK	-0.001	0.020	0.149***	1				
GRO	0.401***	-0.045	0.317***	0.130***	1			
TAT	0.093**	-0.348***	0.378***	0.241***	0.133***	1		
LC-ON	-0.048	0.056	0.104**	-0.022	-0.008	0.087*	1	
LC-OFF	-0.083*	0.241***	-0.102**	0.048	0.037	-0.368***	-0.071	1
FC	-0.049	0.052	-0.069	0.155***	0.129***	-0.024	-0.098**	0.203***
RE	-0.052	0.329***	-0.258***	-0.084*	-0.262***	-0.469***	0.191***	0.212***
PCR	0.229***	-0.123***	0.322***	-0.122***	0.275***	0.088*	-0.175***	-0.097**
CAR	0.055	-0.00	0.068	-0.114**	-0.127***	-0.005	-0.092*	-0.194***
LCR	-0.089*	0.156***	0.052	0.002	0.021	-0.118**	0.849***	0.460***
NPL	0.003	0.096**	-0.345***	0.110**	-0.387***	0.053	0.098**	-0.047

续表

	ALR	*IR*	*NIM*	*RISK*	*GRO*	*TAT*	*LC-ON*	*LC-OFF*
ln*NOI*	−0.087*	0.121**	−0.037	−0.192***	−0.147***	−0.440***	0.206***	0.121**
ln*OE*	−0.099**	0.197***	−0.107**	−0.052	−0.154***	−0.567***	0.130***	0.259***
ln*GRP*	−0.088*	0.202***	−0.105**	−0.045	−0.154***	−0.547***	0.171***	0.243***

	FC	*RE*	*PCR*	*CAR*	*LCR*	*NPL*	ln*NOI*	*lnOE*	*lnGRP*
FC	1								
RE	-0.291***	1							
PCR	-0.191***	-0.275***	1						
CAR	-0.511***	0.294***	0.185***	1					
LCR	0.023	0.297***	-0.200***	-0.189***	1				
NPL	0.060	0.164***	-0.618***	-0.148***	0.038	1			
ln*NOI*	-0.374***	0.723***	-0.107**	0.177***	0.264***	-0.066	1		
ln*OE*	-0.300***	0.791***	-0.103**	0.230***	0.267***	-0.076	0.917***	1	
ln*GRP*	-0.295***	0.786***	-0.106**	0.199***	0.295***	-0.059	0.911***	0.988***	1

结果显示，利润效率*EFF*与任何变量的相关系数绝对值都小于0.3，说明利润效率与任何变量之间都呈弱相关关系。商业银行ESG评价仅与规模、所有者权益、一般风险准备的相关系数在0.7以上，这是因为大型商业银行率先将ESG原则纳入其业务战略，将可持续性和社会责任作为关键要素，这种战略导向有助于提高银行ESG评分，同时也可能促使银行在市场上拥有更大的份额，从而扩大其资产规模。除此之外，表中其余相关系数绝对值在0.7以下，说明样本银行的多数变量间呈弱相关关系。其中，核心解释变量ESG与被解释

变量*LCR*、*LC_ON*、*LC_OFF*、*FC*、*RE*之间的相关系数都小于0.7。具体可解释为，在未控制其余变量的情况下，商业银行ESG评分与其单位资产流动性创造、融资成本和声誉损失呈显著相关关系，这表明ESG评分越高，商业银行流动性创造水平越高，融资成本越低，声誉损失越小。但由于相关性检验对于其他影响因素考虑不充分，所以此处只是对变量相关性的初步判断。

6.5.2 基于流动性创造机制的回归结果分析

1）相关检验

（1）多重共线性检验

鉴于多重共线性可能对回归结果产生干扰，故使用方差膨胀因子（VIF）检验模型中各变量间的多重共线性问题，以保证回归系数的可靠性。表6-7详细列出了各变量的具体方差膨胀因子，其中，平均方差膨胀因子为1.940，其他变量的该因子均小于3，远低于10的临界值，在可接受的范围内，因此判断该模型不存在严重的多重共线性问题。

表6-7 **变量多重共线性检验**

变量	VIF	1/VIF
ln*GRP*	3.64	0.275
ESG	3.04	0.328
ROE	2.38	0.420
LDR	1.8	0.556
NPL	1.68	0.595
ln*AGE*	1.64	0.611
TLC	1.42	0.702

续表

变量	VIF	1/VIF
DR	1.35	0.738
CIR	1.28	0.781
CCAR	1.19	0.838
Mean VIF	1.94	

（2）异方差与自相关

本研究的面板数据的个体维度比时间维度大，即为大N小T的短面板数据，需要考虑异方差的问题。因此，对模型进行异方差和自相关的检验，结果见表6-8。

表6-8 **异方差与自相关检验表**

	异方差检验	自相关检验
chi2（117）	262.54	
F（1，42）		311.850
P值	0.0000	0.0000

首先，检验组间异方差问题，组间异方差表示不同个体的随机干扰项的方差不同，结果P值为0.0000，拒绝同方差的原假设。其次，检验模型组内自相关问题。组内自相关即同一个体、不同时点的随机干扰项序列相关。结果P值为0.0000，无法拒绝模型不存在组内自相关的原假设。因此，本研究模型存在异方差与自相关问题。

（3）内生性检验

结合前文的相关分析与实证研究的特性，本研究可能存在内生性问题的原因主要有：

①遗漏变量问题，本研究在结合已有文献的分析和考虑数据的可得性后，以应控尽控为原则，选取了常见的影响银行融资成本的因素

作为控制变量，但仍可能存在部分未考虑到的变量；

②测量误差问题，对于原始数据本研究已进行科学的筛查与处理，但由于度量方法受限，度量结果可能存在一定偏误；

③由于存在惯性和动态调整机制，忽略ESG的滞后项可能会带来模型设定的偏误，影响系数估计结果；

④由于银行ESG评级会影响银行利润效率，利润效率高意味着经营效果较好，有更多可用资金，因此商业银行可能会进一步加大在ESG方面的投入，故存在反向因果的内生性问题。由于模型存在异方差，使用Durbin-Wu-Hausman来检验内生性，结果显示P值小于0.05，拒绝“变量外生”原假设，认为本模型存在内生性问题。

以上检验结果表明，本模型不存在多重共线性问题，但存在异方差、自相关和内生性问题。考虑到面板数据会受到个体的影响，普遍存在固定效应的特征，因此拟采用两阶段工具变量IV法排除组间和组内差异对回归结果的影响、减小估计误差，通过引入工具变量解决内生性问题。

本章在基准回归模型中引入每股盈余公积（*EPS*）作为工具变量。就工具变量的外生性而言，盈余公积可以用于弥补银行的亏损、扩大银行生产经营、转为增加银行资本或者派送新股，体现了银行的治理能力，与银行ESG表现具有较强的相关性，但与银行的利润效率创造并不直接相关，满足工具变量的选取条件。应用两阶段工具变量IV法进行内生性检验，结果见表6-9。

2）回归结果分析

由于前文已经检验出模型存在异方差及自相关问题，因此本研究采用聚类稳健标准误修正后的双固定效应面板模型回归结果，具体见表6-9。

表6-9　　**流动性创造中介机制检验结果**

变量	流动性创造		表内流动性创造		表外流动性创造	
	(1)	(2)	(3)	(4)	(5)	(6)
	LCR	*EFF*	*LC_ON*	*EFF*	*LC_OFF*	*EFF*
ESG	0.792* (1.69)	0.385* (1.77)	0.909* (1.67)	0.443** (2.03)	3.211* (1.68)	0.355* (1.68)
TLC		0.017* (1.66)				
LC_ON				0.017* (1.68)		
LC_OFF						0.018** (2.35)
ln*Asset*	1.031*** (45.89)		1.059*** (29.18)		1.148*** (20.05)	
CCAR	−0.005 (−0.64)	−0.003 (−0.80)	0.005 (0.49)			−0.003 (−0.77)
ROE			0.735* (1.85)	−1.108*** (−4.18)		
CIR	0.185 (0.76)	0.521*** (3.80)	0.298 (1.13)	0.404*** (2.98)	1.590** (2.06)	0.487*** (3.62)
LDR			0.315*** (2.59)	−0.063 (−1.48)		
ln*GRP*	0.025 (0.59)	−0.049** (−2.29)	0.027 (0.49)	−0.025 (−1.28)	0.069 (0.45)	−0.047** (−2.21)
NPL	0.026 (1.01)	0.067*** (4.42)		0.033** (2.10)	−0.185*** (−2.63)	0.074*** (4.75)
lnAGE	−0.207 (−1.24)					
ln*OE*	0.019 (0.29)	−0.023 (−0.93)	−0.077 (−0.95)	−0.050** (−1.98)		−0.036 (−1.33)

续表

变量	流动性创造		表内流动性创造		表外流动性创造	
	(1) *LCR*	(2) *EFF*	(3) *LC_ON*	(4) *EFF*	(5) *LC_OFF*	(6) *EFF*
DR	0.003 (0.78)	-0.002 (-1.22)		-0.001 (-0.44)		-0.002 (-1.45)
个体固定效应	YES		YES		YES	
时间固定效应	YES		YES		YES	
N	450		450		445	

注：括号里报告的是t值；***、**、*分别表示在1%、5%、10%的水平上显著。

表6-9中第（1）、（3）和（5）列为ESG评分对表内、表外和总体流动性创造水平的回归结果。结果显示，控制其他条件保持不变时，表内流动性创造、表外流动性创造和总体流动性创造均在10%以上的水平上显著，说明商业银行ESG表现对于表内流动性创造、表外流动性创造和总体流动性创造会产生正向影响。从回归系数上来看，ESG评分回归系数分别为0.792、0.909和3.211，其中，ESG评分对表外流动性创造的影响最大。

表6-9中第（2）、（4）和（6）列为ESG评分、流动性创造水平对银行效率的回归结果。从结果可以看出，控制其他条件保持不变时，银行ESG评分和表内流动性创造、表外流动性创造、总体流动性创造均显著提升效率水平，从提升效果上看，对表内流动性创造的提升得最快。

在其他控制变量中，银行资产规模（ln*Asset*）与流动性创造水平在1%的水平上显著正相关，随着银行资产规模的扩大，银行可以通过更大的资产基础进行更多的贷款和投资，从而增加流动性创造。成本控制能力、经营效率和全部资产对有息债务的偿还能力对利润效率的增长起到显著的作用，由此可见控制融资成本成为提升效率的关键因素。

最后，通过Bootstrap检验可知，间接效应P值均小于0.01，说明总流动性创造、表内流动性创造、表外流动性创造的中介效应显著存在。表6-9中第（2）、（4）、（6）列显示，在控制中介变量后，总流动性创造、表内流动性创造和表外流动性创造在ESG提升商业银行效率中起到部分中介作用，从而验证研究假设H1、H1a和H1b。相比而言，表外流动性创造的中介作用最弱，表明ESG评分在更大程度上通过表内流动性创造提升效率。

6.5.3 基于融资成本机制的回归结果分析

1）相关检验

（1）多重共线性检验

由表6-10可知，银行融资成本与ESG的VIF值为3.37，其他变量的VIF值也位于（1，4.2）区间，说明变量容忍度较高。平均VIF值为2.0，远小于10，因此模型不存在多重共线性问题，可进行后续的线性回归。

表6-10 **变量多重共线性检验**

变量	VIF	1/VIF
ESG	3.37	0.297
ln*Asset*	4.19	0.238
TAT	2.37	0.422
ROA	2.28	0.438
NIM	1.92	0.521
GRO	1.77	0.564
NPL	1.6	0.625

续表

变量	VIF	1/VIF
IR	1.49	0.672
ALR	1.37	0.729
AGE	1.37	0.732
RISK	1.14	0.875
CIR	1.12	0.891
Mean VIF	2.0	

（2）异方差与自相关

由于本文的面板数据为小N大T型的长面板数据，可能会存在异方差，而数据存在异方差时，假设检验和参数估计都将失效，导致ESG评分对银行融资成本的估计结果不准确。同时，面板数据为截面数据和时间序列数据的组合，本身可能会带有序列的自相关现象，使估计结果失真。因此，应预先对模型是否存在异方差与自相关进行检验。表6-11给出了本研究的检验结果。其中，在探究ESG对债务融资成本的异方差与自相关检验过程中，异方差使用White检验，结果显示，P值为0<0.05，拒绝不存在异方差的原假设；自相关使用Wooldridge检验，结果同样显示P值为0<0.05，拒绝不存在序列自相关的原假设。

表6-11　**ESG对债务融资成本的异方差与自相关检验**

	债务融资成本	
	异方差检验	自相关检验
chi2（27）	83.92	
F（1，42）		121.617
P值	0.0000	0.0000

（3）内生性检验

由于模型存在异方差，结合上文的内生性分析，本文使用Durbin-Wu-Hausman来检验内生性，结果显示P值小于0.05，拒绝“变量外生”的原假设，认为本模型存在内生性问题。

本研究采取工具变量法试图缓解内生性问题，借鉴权小锋（2015）、陈国辉（2018）和梁上坤（2020）的研究，剔除目标银行的银行业ESG评分均值作为工具变量（IV），以此来避免自身数据对工具变量的干扰，应用两阶段工具变量IV法进行内生性检验，结果见表6-11。

2）回归结果分析

表6-12展示了工具变量的回归结果。其中，第（1）列表明ESG的系数在5%的显著水平上显著为负，说明ESG评分与企业债务融资成本显著负相关，在控制可能存在的内生性问题之后，融资成本的中介效应显著。第（2）列的结果显示，在控制中介变量后，债务融资成本在ESG评分提升商业银行效率中起到部分中介作用。通过Bootstrap检验可知，间接效应P值均小于0.01，说明债务融资成本中介效应显著存在，从而验证研究假设H2。

表6-12　　**融资成本中介机制检验结果**

变量	（1） *FC*	（2） *EFF*
ESG	−1.9587** （−2.06）	0.1787* （1.65）
FC		−0.0137* （−1.80）
ln*Asset*	0.1175 （1.40）	

续表

变量	(1) *FC*	(2) *EFF*
AGE	-0.0040*** (-3.40)	
NPL	0.0347 (0.56)	
ROA	-0.6375*** (-6.43)	-22.7051*** (-11.98)
ALR		0.1211* (1.89)
IR		0.0511** (2.13)
NIM		-0.0217*** (-3.54)
RISK		-0.0244 (-0.89)
GRO		-0.0572*** (-3.19)
TAT		0.5871 (1.05)
CIR		0.0121 (0.76)
cons	2.559 (5.87)	0.7078*** (10.42)
Bootstrap 检验 P 值	0.037	
个体固定效应	YES	YES
时间固定效应	YES	YES
$Adj.R^2$	0.2111	0.9602
N	457	

6.5.4 基于声誉机制的回归结果分析

1）相关检验

（1）多重共线性检验

为排除多重共线性对回归结果的影响，本研究采用方差膨胀因子（VIF）检验各变量之间是否存在多重共线性，以确保回归系数的有效性与可靠性，具体检验结果见表6-13。银行融资成本与ESG的VIF值为4.02，其他变量的VIF值也位于（1，4.02）区间，说明变量容忍度较高，平均VIF值为2.05，远小于10，认为模型不存在多重共线性问题，可进行后续的线性回归。

表6-13 **变量多重共线性检验**

变量	VIF	1/VIF
ESG	4.02	0.249
ln*Asset*	3.78	0.265
ROA	2.28	0.439
TAT	2.22	0.449
NPL	1.61	0.621
LR	1.37	0.732
SER	1.36	0.733
CIR	1.34	0.744
LAS	1.32	0.756
IR	1.23	0.812
Mean VIF	2.05	

（2）异方差与自相关

由于本研究的面板数据为小N大T型的长面板数据，可能存在异方差，导致ESG评分对银行声誉指数的估计结果不准确。同时，面板数据为截面数据和时间序列数据的组合，本身可能会带有序列的自相关现象，使估计结果失真。因此，应预先对模型是否存在异方差与自相关进行检验，检验结果见表6-14。

表6-14　　**银行ESG对声誉的异方差与自相关检验**

	异方差检验	自相关检验
chi2（104）	212.19	
F（1，37）		281.778
P值	0.0000	0.0000

其中，在探究银行ESG对声誉指数的异方差与自相关检验过程中，异方差使用White检验，结果显示P值为0<0.05，拒绝不存在异方差的原假设；自相关使用Wooldridge检验，结果显示P值为0<0.05，拒绝不存在序列自相关的原假设。

（3）内生性检验

由于模型存在异方差，结合前文的相关分析与实证研究的特性，本研究使用Durbin-Wu-Hausman来检验内生性，结果显示P值小于0.05，拒绝“变量外生”的原假设，认为本模型存在内生性问题。

本研究采用剔除目标银行后的银行业ESG评分均值作为工具变量（IV），以此来避免自身数据对工具变量的干扰，应用两阶段工具变量IV法进行内生性检验，结果见表6-15。

表6-15　　**声誉中介机制检验结果**

变量	（1） *RE*	（2） *EFF*
ESG	-6.340*** （-2.83）	0.278* （1.71）

续表

变量	(1) *RE*	(2) *EFF*
RE		−0.007* (−1.79)
ROA	−85.274** (−2.36)	
LAS	0.005** (2.44)	
CIR		0.242 *** (2.71)
SER		−0.02*** (−4.34)
ln*Asset*		−0.053 (−1.61)
IR		0.068** (2.17)
ln*NOI*		0.022 (1.26)
ROE		−1.493*** (−8.13)
AGE		−0.1020** (−1.1582)
TAT		0.033** (2.23)
NPL		0.022** (2.18)

续表

变量	(1) *RE*	(2) *EFF*
LR		0.000** (2.25)
cons	3.489*** (2.75)	2.119** (2.43)
Bootstrap检验P值	0.004	
时间固定	是	是
个体固定	是	是
R^2	0.7659	0.9516
N	398	296

2）回归结果分析

表6-15展示了声誉的中介回归结果。其中第（1）列显示商业银行的声誉与ESG评分之间显著正相关，系数为-6.340，即ESG评级对银行声誉与商业银行处罚次数之间在1%的显著水平上显著负相关。在负面声誉冲击的情形下，商业银行ESG评分与银行利润效率存在直接效应，加入声誉损失变量后商业银行ESG评分对银行利润效率下降起到了缓冲作用，说明声誉损失在银行ESG评分和银行效率之间起到了直接作用。

此外，本研究通过Bootstrap检验可知，间接效应P值小于0.01，说明声誉的中介效应显著存在，从而验证研究假设H3。

这是因为声誉良好的银行通常被认为更加可信赖和可靠，更能够兑现其承诺并管理好投资者的利益，投资者更愿意为这些银行提供存款。具体原因可以归为以下两点：第一，这种信任和可靠性可以提高效率，因为投资者可能愿意以更低的利率向声誉良好的商业银行提供资金；第二，银行声誉良好会减少监管机构对其的监管成本，监管机构更信任声誉良好的银行，并对其施加较少的监管压力，从而有助于商业银行利润效率的提升。

6.6 本章小结

本章基于流动性创造、融资成本和声誉传播视角，探讨了商业银行ESG表现与利润效率之间的传导作用。本章选取我国64家商业银行2011—2022年的数据为研究样本，进行实证研究，结果表明：

（1）银行流动性创造能力在ESG评级对效率的影响中起中介作用，ESG评分通过表内流动性创造、表外流动性创造均能提升商业银行利润效率，但比较而言，表内流动性创造的通道效果更顺畅、显著。

（2）银行践行ESG可以通过降低融资成本显著提升利润效率。具体而言，商业银行通过增加绿色信贷、提供优质服务和更多的理财产品、完善公司治理就可以吸引更多的客户存款，获取低成本的外部资金，从而提升商业银行的效率。

（3）商业银行践行ESG能提升银行声誉进而显著提升效率。当商业银行受到声誉风险冲击时，ESG表现对利润效率的促进作用更为显著。

7

研究结论、政策建议与展望

7.1 研究结论

本书基于ESG理念探究商业银行ESG表现对利润效率的影响，以2012—2022年我国64家商业银行的年度数据为研究对象，参考MSCI、华证等国际、国内知名评级体系，结合银行业特点，构建商业银行专属的ESG评价指标体系，通过熵权法测算商业银行ESG评分，采用基于产出定位的非单调异质性随机前沿方法测量商业银行效率，运用两阶段工具变量IV法研究商业银行ESG表现对利润效率的影响，检验声誉、融资成本、流动性创造三个渠道的中介效应，得出以下结论：

（1）本书在科学性、系统性、完整性和实用性原则下，从环境、社会和治理三个维度构建了包括绿色信贷余额、绿色金融产品创新、对外捐赠、小微企业贷款余额、员工总人数、资本充足率、净资产收益率等20个指标的ESG评价体系。本书使用Python对2012—2022年我国64家样本银行的年度报告、社会责任报告、ESG报告按照“年份+银行+关键词”的搭配进行文本爬取，抓取关键词；运用熵权法计算出环境、社会、治理三个维度的权重，并通过加权的方式对商业银行的ESG表现进行评级。结果表明：整体上看，我国商业银行的ESG评分稳中有进，但不同属性的商业银行间仍有较大差距；从环境、社会、治理各维度来看，治理维度表现较好，环境、社会维度仍有较大提升空间。

（2）本书基于超越对数生产函数的SFA模型进行商业银行利润效率测算。本书以营业支出和利息支出作为投入指标，以税前利润总额和贷款及垫款总额作为产出指标，以员工生产力和营运能力作为影响因素测算商业银行的利润效率。结果表明：我国商业银行的整体效率水平仍有较大提升空间，其中，城市商业银行和农村商业银行效率增速较快，甚至出现了赶超国有银行与股份制银行的势头。该结果合理且符合实际情况，测算结果有效，能较为准确地反映银行的真实利润效率。

（3）本书基于利益相关者理论，从银行内部和外部两个维度探究商业银行践行ESG对利润效率的影响。本书以2012—2022年我国64家商业银行的年度数据为研究对象，采用两步最优GMM法研究商业银行ESG表现对利润效率的影响。结果表明：商业银行ESG表现对利润效率具有显著的正向影响，其中，社会责任对利润效率的促进作用最为突出，公司治理和环境保护的影响相对较小。

（4）本书基于流动性创造、债务融资成本和声誉视角，从资金来源、资金运用、业务拓展等方面，探讨商业银行ESG评级对利润效率的影响机制。本书选取2012—2022年我国64家商业银行的数据为研究样本，采用逐步回归法分析中介作用。在此基础上，使用工具变量法解决模型内生性问题。研究发现：

①商业银行流动性创造能力在ESG评级对利润效率的影响中起到了中介作用，即商业银行践行ESG能提升表内流动性创造和表外流动性创造能力，进而提升商业银行的利润效率。比较而言，表内流动性创造的通道效果更顺畅、显著。

②商业银行践行ESG可以通过降低融资成本显著提升利润效率。具体而言，商业银行通过增加绿色信贷、提供优质服务和更多的理财产品、完善公司治理，可以吸引更多的客户进行存款，获取低成本的外部资金，从而提升商业银行的利润效率。

③商业银行践行ESG能提升银行声誉进而显著提升利润效率，当商业银行受到声誉风险的冲击时，ESG表现对效率的促进作用更为显著。

7.2 政策建议

为增强银行践行ESG理念的积极性，基于上述研究结论，结合我国商业银行的ESG表现，本书从政府监管部门和商业银行两个角度提出相关建议。

7.2.1 监管部门

ESG理念在我国经历了从最早的引入到初步发展，再到当前的快速发展阶段，有关ESG的法律、法规也在不断发展完善。我国监管当局一直强化顶层设计、整体统筹，充分利用各项激励约束政策，但还应从法律、制度等方面进一步鼓励商业银行积极践行ESG理念，持续提升银行的服务质效，促进经济社会稳定发展。

1）进一步加强政策性指引力度

监管机构应根据商业银行的ESG表现给予差异化奖励和惩罚，并将具体奖惩机制渗透到银行的各项监管指标中。例如，对于在ESG实践方面表现良好的银行，可以给予货币、监管和财政等多方面的奖励：在货币政策维度，可以设立ESG债券、绿色融资等渠道为其提供低成本融资或优惠贷款利率；在监管政策维度，可以对其实施相对宽松的监管政策，降低对其监管审查频率以减轻其合规性负担，如下调普惠小微贷款的风险加权系数、减少普惠小微贷款的资本消耗；在财政政策维度，可以对其给予税收优惠，鼓励它们更加积极地进行ESG实践。

相反，对于在ESG方面表现不佳或是未能满足ESG要求的银行，应加强监管审查，使其能及时调整和改进ESG实践；对于违反ESG原则的银行，可以实施罚款并进行适当的公共曝光和舆论监督，以惩戒其违规行为，促使其改善ESG表现；对于商业银行不负责任的违规行为，应增加对其惩罚力度，提高其违规成本，在一定程度上降低银行发生违规行为的概率。

政府部门应通过激励约束机制，引导商业银行提升对ESG的理解和认识，建立完善的ESG治理结构，提高ESG信息披露质量。通过对市场内ESG表现优秀的商业银行案例进行展示，发挥示范效应，激发商业银行的内生动力，带动其他商业银行进行ESG实践，推动商业银行业良性发展。

以绿色信贷政策为例，首先，通过实施缩减绿色信贷拨备计提、推行绿色资产权益优先受偿、降低绿色资产风险权重等相关政策，综合利用再贷款、担保机制等多元化政策工具，激发银行开展绿色信贷业务的主动性与积极性。其次，优化外部风险财政补偿机制，通过政府、保险业及银行业三方发力，设立专项风险补偿基金，降低绿色信贷风险权重，构建以政府背景为基石、以国家信用为支撑的风险补偿体系，以缓释金融机构的绿色信贷风险，引导金融资源实现绿色化配置。再次，不断完善并差异化绿色信贷激励约束机制，对于大型国有银行和股份制商业银行，引导其承担更多的社会责任，成为行业持续发展绿色信贷的主力军；对于规模较小、抗风险能力弱的城商行和农商行，激励其进行绿色信贷产品创新和推广，适当给予相应的财政补贴、税收优惠和政策支持，确保绿色信贷业务的深度和广度。

2）建立健全金融机构专属的ESG评级体系和评估机构

首先，很多商业银行发布的ESG报告、社会责任报告、可持续发展报告在内容及质量上存在较大差异，披露指标不统一，并且发布的时间跨度存在差异。因此，我国一方面要顺应国际ESG发展潮流，与国际前沿接轨；另一方面要立足于中国经济社会发展大局，充分考虑碳达峰、碳中和的战略要求，融入党的领导、推进共同富裕、反腐败等中国议题。我国应构建既有全局性谋划和前瞻性思考，又充分考虑到不同发展阶段、不同规模、不同机构特性的统一的ESG评价体系，指导商业银行的ESG发展。

其次，当前ESG评价体系和方法尚未形成统一的标准，不同评级机构在评价侧重点、议题和底层指标选择、权重设置方法、底层数据收集整理和估测方法上不尽相同，从而导致不同评级机构的评价结果存在一定的差异。因此，我国应该设立专门的ESG评估和监控机构，对商业银行的ESG表现进行定期审查，确保商业银行的日常经营活动符合相关的法规和标准。

3）规范和完善ESG披露标准和监管制度

首先，规范ESG披露标准。一方面，要推进我国银行业ESG信息披露格式和内容体系的标准化建设，明确ESG指标和报告框架，对银行在环境、社会和治理方面的表现进行全面评估，通过高质量的ESG报告向外界展示商业银行在ESG方面的努力和成就，同时将评价对象从上市银行逐步扩展至非上市银行，以促进横向比较，提高参考价值。另一方面，要提升ESG信息质量，加强ESG整合和报告，综合考虑银行的内部经营、外部沟通，将ESG理念纳入银行的业务战略和长期规划中，确保ESG目标与银行的核心价值观及业务目标相一致，从而使ESG整合为商业银行发展的一部分，而非附加责任。此外，应通过立法要求金融机构设立内部监测机制，以确保ESG政策和实践的执行情况，通过定期的内部审计和自我评估考察ESG整合的有效性，并及时纠正商业银行ESG在发展过程中的不足之处，同时接受外部的建议与监督。与此同时，要避免金融机构信息披露不全面、不到位或伪造数据等现象，实现对“漂绿”等风险的警示和监控。

其次，完善信息披露机制。基础数据的质量和广度、数据口径的可信度与合理性，均会影响整个ESG生态体系的效果。因此，应参照港交所和NASDAQ的成功经验，尽快颁布独立完整的ESG信息披露规则，明确ESG报告的要素标准、格式及详略程度，指导上市公司对关键议题、影响显著性等内容进行客观的披露和讨论，避免采用主观的文字叙述；协调政府相关部门逐步整合、及时公开、定期发布ESG相关信息（如环保处罚、裁判文书），使银行业ESG报告保持一致性和可比性；要求商业银行ESG报告不仅覆盖正面信息，还要包括潜在的ESG风险和挑战信息，保持ESG报告的客观性，有效降低信息不对称与不透明性；要求商业银行定期提交ESG报告，向公众和监管机构披露实时的ESG信息，以便于公众和监管机构跟踪银行的ESG表现和变化趋势。

4）完善商业银行ESG评级制度，明确ESG监管模式

首先，完善ESG评级制度。监管当局可以指定第三方机构对商业银行ESG报告进行独立审计及定期的合规性检查，在充分调研金融机构环境信息披露的难点、痛点的基础上，建立符合我国发展实际的评价框架，确保报告的准确性、完整性，以及银行提供的ESG信息符合监管要求。在进行评级的过程中要为ESG指标设定统一的数据规范，尽可能从官方权威口径提取数据，同时针对ESG关键议题邀请学科权威专家确定指标的计算、比较方法，统一绩效考核指标的衡量标准，编写披露指南。培育兼顾国际准则与中国特色的权威的ESG评级体系，与全球认可度较高的GRI标准对标，以便于国内外投资者遵循成熟的ESG投资框架进行决策，同时也需要考虑加入“扶贫”等具有中国特色的指标，以提升ESG评级对国内市场的适配性。

其次，明确ESG监管模式。监管当局还应综合运用宏观审慎与微观审慎监管工具，完善ESG金融监管指标体系，探索适合于ESG

信贷产品的风险计量方法，实施有别于传统的差异化监管措施；将金融产品、金融机构及更多金融市场主体的ESG表现纳入日常监管评价、宏观审慎政策评估，通过科技手段实现对碳排放、生态影响等数据的实时、可持续性监测，使用情景模拟分析与压力测试手段加强风险评估和监测，评估资产面临的风险敞口情况，及时发现并防范潜在风险，引导商业银行有序平稳运行。在环境和社会方面，我国已经初步形成半强制披露框架，具有较强的执行能力。我国监管当局可以顺应碳中和的时代背景和要求，从单因素突破，以点带面地探索和建立ESG监管政策体系。同时，国家层面对公平与效率以及第三次分配的重视在未来几年很可能深刻影响中国社会和资本市场，届时有关社会责任的重要性和话题性都将得到大幅提升。

再次，重点关注ESG投资的资金监管。监管当局还应加强对ESG投资制度方面的资金监管。目前全球大多数专业的ESG投资机构都已构建了“双重底线”的核心投资原则，ESG投资资产管理人应当强制要求所有的受托人、被投资企业、被投资项目按照ESG指标体系的披露规则定期报送各类ESG指标；同时，在定期报告中不仅要披露资管产品的投资业绩，还应该汇总被投资标的ESG指标，披露资管产品产生的综合ESG绩效。考虑到以主权基金和养老基金为代表的长期资金与ESG理念的契合度较高，监管当局可以通过引导，建议金融机构尽快将ESG评价纳入投资决策中，以加快ESG理念的传播速度。

7.2.2 商业银行

1）推进ESG理念与战略规划的深度交融

（1）商业银行应顺应国家政策导向，从战略高度推进ESG理念，系统化搭建ESG管理体系，增强流动性创造能力等竞争优势，提高利润效率水平。具体而言，商业银行要根据自身的特点和优势，制定差别化的业务布局策略，以ESG细分领域为主要发力方向，适度倾斜资源配置，合理规划绩效考核指标，稳步提升盈利能力，审慎经营，严控风险，提高资源利用效率，从而促进利润效率的提升。

（2）商业银行应强化ESG流程管理，加强客户ESG信息库的建设，完善授信标准，将表现不佳的客户纳入负面清单，并采取风险控制措施，如增加风险缓释或逐步退出现有业务，以实现风险与收益的平衡。

（3）商业银行不仅需要考虑ESG实践的整体影响，也应关注ESG分项的结构性差异，在加大社会责任方面的支出和贡献的同时提升环境保护和公司治理能力。例如，商业银行可以加大对金融科技的投入力度和应用程度，推进大数据、区块链等技术与业务深度融合，打造集数字化、信息化和智能化为一体的全新业态，提高金融服务效率，利用大数据平台获取各类标准化数据，为银行开展金融业务提供科学数据支持，利用区块链技术的优势对银行信息披露、资金流向进行实时监管，降低管理成本。以“金融+科技”的业务模式为例，商业银行可以应用数字技术，畅通政府、市场和社会三者之间的信息与项目数据共享，深入挖掘存量客户，精细刻画客户画像，提供资金运营等综合型服务，开拓新的增长点，寻找高质量、可持续性市场化发展模式，实现政策性和效益性同步优化。

2）重视声誉管理并树立ESG文化

（1）商业银行要加强声誉风险管理，遵循前瞻性、匹配性、全覆盖和有效性原则，做好声誉风险的监测、防范和处置工作。

（2）商业银行应积极、主动地参与ESG实践，优化自身的ESG表现，当面临声誉风险时充分发挥ESG对其经营的稳定剂作用以及对效率提升的促进作用。具体措施包括以下两个方面：其一，加强对员工的全面ESG培训，培训内容应该针对不同岗位进行差异化设计，并设立可度量的ESG目标，将其纳入全员绩效考核体系，通过奖励机制激励员工参与ESG实践。由于ESG领域在不断地变化与发展，要保持培训内容的时效性，定期更新培训内容，以反映最新的趋势、法规和最佳实践。其二，促进商业银行内部各个部门之间的合作，如财务、风险管理、市场营销等各个业务领域通过紧密合作使ESG文化在商业银行中得到协同推动。

（3）商业银行还可以与ESG评级机构建立战略合作关系，从而获得更专业的ESG信息和建议。

3）探索完善商业银行内部ESG治理体系

商业银行应深入研究国内外ESG领先银行的实践，在ESG内涵、ESG评分、信息披露机制等方面与先进企业看齐，明确提升自身ESG评价水平的关键要点，据此采取针对性措施补齐ESG管理短板，并结合自身的资产结构和客户类型探索建立具有差异化的内部ESG管理体系，用以指导风险管理、投资分析和资产配置。

（1）加强与境外机构的沟通交流，不断提高自身的影响力和话语权，如考虑加入国际ESG发展组织。同时，注重利用亚洲基础设施投资银行等载体，向全球传递中国银行业在助力低碳转型、普惠扶贫、乡村振兴等方面的独特经验，以进一步推动全球ESG投资理念的发展。

（2）采用ESG的“逐步推进”策略，健全内部管理体系。在短期内，部分银行应该以ESG细分领域为主要发力方向，适度倾斜资源配置，合理规划绩效考核指标，从而提高资源利用效率。在授信和资金运营环节要注重加强风险管理，建立起全面覆盖的内控体系。从中长期来看，商业银行可尝试建立一套科学高效的考核体系和激励约束机制，加快转型升级的步伐。

（3）强化ESG内部流程管理。商业银行应紧随政策脚步，尽快完善内部绩效考核机制，在保证自身安全性、流动性和盈利性的条件下，建立内部规范制度，加强源头防范和过程治理，设置严格的风险预警标准，搭建多层次、多指标的风险评估体系，建立动态跟踪监测机制，降低风险发生的可能性，全面优化管理流程及制度体系，着力将内控关键环节和合规风险防控落实到制度中，推动提升管理规范化和标准化水平，提高风险预警的准确性和有效性，持续增强风险管理的专业性和前瞻性，以实现风险与收益的平衡。

（4）拓展ESG业务领域，促进产品服务创新。一是要借鉴国际上的先进经验，结合我国国情及市场与客户的需求，增加研发资金投入，引导金融机构积极创新产品服务方式，拓展“绿色”金融产品供给渠道，推出各行各业可持续发展所需的定制化特色信贷产品，以吸引各类潜在客户、提升银行竞争力和品牌影响力，从而达到提高银行利润效率的效果。二是要通过运用碳减排等政策支持工具，扩大银行市场规模和市场占有率，形成更多行业跨度大、受众群体广、参与度高的市场化产品，结合碳排放交易等发展新范式，推动业务创新发展，丰富产品种类，增强金融产品的市场吸引力和用户黏性。三是要扩大产品覆盖领域。以绿色金融为例，绿色信贷相关指数类金融产品涵盖了可再生能源、循环经济、节能环保等更多领域和非绿行业，为投资者提供更多元化的投资标的，促使资金均衡分布在绿色创新、低碳转型等领域。四是要推进ESG概念债券与国际标准的衔接互认，以促进企业ESG项目的海外融资，同时加大对普惠扶贫和乡村振兴债券的承销和投资力度，加快拓展新领域，加强权益类产品的研发能力，深度挖掘环保、科创、养老等领域的热点投资机遇，以提升ESG产品的收益并赢得市场的认可，进而提升其为商业银行创造利润的能力。

7.3 未来展望

ESG评级作为衡量企业可持续发展表现的指标，越来越受到全球投资者和监管机构的重视。在这一背景下，我国商业银行将积极探索并完善ESG评级体系，推动银行业的效率提升和可持续发展。

商业银行将愈加重视ESG评级。未来，ESG评级对银行效率的影响将成为研究热点，学术界和企业将深入分析环境、社会及治理因素对银行效率的具体影响路径，为银行提供科学决策的依据。通过加强与学术界、监管机构的合作，商业银行将不断优化经营管理，提升效率，实现可持续发展。

技术进步将为商业银行的ESG评级和效率提升提供重要支持。首先，可以借助人工智能和大数据分析大幅提高ESG数据的收集、处理和分析效率。银行能够更准确地评估企业的ESG表现，并及时调整其投资组合和信贷政策。这将有助于银行在降低风险的同时，抓住更多绿色和可持续发展的投资机会。其次，区块链技术的应用将提升ESG信息的透明度和可信度，从而提高投资者和监管机构对银行ESG评级的信任度。此外，可以应用物联网技术使银行更实时地获取环境和社会维度的相关数据，从而使银行的ESG评级更加动态和精准。最后，可以采用云计算和先进的分析工具，使银行能够处理更大规模和更复杂的ESG数据，提升银行的决策能力。这不仅提高了ESG评级的科学性，还能够帮助银行制定更有效的可持续发展策略。

政策支持将成为推动我国商业银行ESG评级和效率提升的重要保障。首先，在财政政策方面，政府可以通过财政补贴和税收优惠来鼓励商业银行在ESG领域加大投入。这种财政激励将促使银行更加积极地推动ESG相关项目和产品的开发，提升其ESG评级。其次，在货币政策方面，中央银行可以通过调整货币政策工具来支持商业银行的ESG发展，如在货币政策操作中引入对ESG表现优秀的银行的优惠利率，鼓励银行增加对绿色项目和可持续发展项目的融资，这有助于引导银行将更多的资金投入环保和社会责任领域，完善其在ESG方面的表现。最后，在监管政策方面，政府可以制定和完善相关的监管框架，推动商业银行加强ESG信息披露和风险管理，并通过实施严格的ESG报告和审计要求，确保银行的ESG数据真实可信，以提升其评级的公信力。

随着我国商业银行在ESG评级领域的不断探索和实践，ESG评级对银行效率的影响机制将逐渐明晰和完善。商业银行通过优化资产结构、提升社会责任感、加强公司治理等多种手段，不断提升自身的经营效率和可持续发展能力；同时，先进的技术手段和政策支持的加强也将为商业银行的ESG实践提供坚实保障。在这一过程中，商业银行将不仅实现自身的可持续发展，还会为我国经济社会的高质量发展作出积极贡献。通过不断提升ESG评级水平，商业银行将引领金融行业的绿色转型，助力我国实现碳中和目标，为构建更加美好、可持续的未来作出贡献。

主要参考文献

[1] 樊刚.公有制宏观经济理论大纲［M］. 北京：生活·读书·新知三联书店，1990.

[2] HAN Z，XU H，TU K.Research on the effectiveness of green credit policy-based on the empirical study of 19 listed banks in China［C/OL］//2019 3rd International Conference on Data Science and Business Analytics（ICDSBA）[2025-03-12]. https: //www. zhangqiaokeyan. com/academic-conference-foreign_internatial-cference-data-science-and-b_thesis/0205114364639.html.

[3] ZHANG H，QIN C.Research on the Influence of Green Credit in the Operation and Management of Commercial Banks［C］//6th International Conference on Education Reform and Modern Management （ERMM 2021），Amsterdam：Atlantis Press，2021：255-258.

[4] DELFINO M E.Post-deregulation developments in financial services：The case of the banking industry in Argentina[D]. Coventry：University of Warwick，2003.

[5] 艾林，曹国华. 商业银行盈余管理与经营绩效［J］. 管理世界，2013（11）：174-175.

[6] 曹强，谭慧. 资产质量、客户集中度与银行效率——基于面板门槛模型的研究［J］. 金融论坛，2022，25（11）：29-38.

[7] 陈淡泞. 中国上市公司绿色债券发行的股价效应 [J]. 山西财经大学学报，2018，40（S2）：35-38.

[8] 陈其安，刘艾萍. 公司治理与银行效率：来自中国上市商业银行的经验证据 [J] .中国管埋科学，2015（S1）：437-444.

[9] 谌嘉席. 国内商业银行效率研究：回顾与展望（2000—2021）[J]. 金融会计，2022（12）：34-46.

[10] 程启月. 评测指标权重确定的结构熵权法 [J]. 系统工程理论与实践，2010，30（7）：1225 -1228.

[11] 迟国泰，孙秀峰，芦丹. 中国商业银行成本效率实证研究 [J]. 经济研究，2005（6）：104-114.

[12] 迟国泰，杨德，吴珊珊. 基于DEA方法的中国商业银行综合效率的研究 [J]. 中国管理科学，2006（5）：52-61.

[13] 丁宁，任亦侬，左颖. 绿色信贷政策得不偿失还是得偿所愿？——基于资源配置视角的PSM-DID成本效率分析 [J]. 金融研究，2020（4）：112-130.

[14] 杜莉，王锋. 中国商业银行范围经济状态实证研究 [J]. 金融研究，2002（10）：31-38.

[15] 段军山，庄旭东. 银行承担社会责任对其竞争力的影响研究——基于银行服务的“质”与“量”中介视角 [J]. 金融论坛，2021，26（4）：22-32.

[16] 封思贤，郭仁静. 数字金融、银行竞争与银行效率 [J]. 改革，2019（11）：75-89.

[17] 高玮. 中国银行业竞争与效率关系研究 [J]. 东北大学学报（社会科学版），2010，12（2）：118-123.

[18] 管考磊，张蕊. 企业声誉与盈余管理：有效契约观还是寻租观 [J]. 会计研究，2019（1）：59-64.

[19] 郭柯娜. 绿色信贷对商业银行效率的影响——基于14家商业银行的实证研究 [J]. 甘肃金融，2019（2）：25-29；34.

[20] 郭晔，黄振，姚若琪. 战略投资者选择与银行效率——来自城商行的经验证据［J］. 经济研究，2020，55（1）：181-197.

[21] 韩冬梅，赵振全. 银行业全要素生产性和范围经济性［J］. 数量经济技术经济研究，2002（7）：65-68.

[22] 胡建辉. 影子银行业务发展与商业银行经营效率提升——基于中国商业银行微观数据的实证检验［J］. 金融与经济，2020（1）：18-25.

[23] 黄隽，汤珂. 商业银行竞争、效率及其关系研究——以韩国、中国台湾和中国大陆为例［J］. 中国社会科学，2008（1）：69-86；206.

[24] 黄新飞，张娜. 国有商业银行激励机制的影响因素分析——一个多重任务的博弈分析框架［J］. 数量经济技术经济研究，2005（11）：112-121.

[25] 姜永宏，蒋伟杰. 中国上市商业银行效率和全要素生产率研究——基于Hicks-Moorsteen TFP 指数的一个分析框架［J］. 中国工业经济，2014（9）：109-121.

[26] 蒋海，陈霜怡，王梓峰. 新发展理念下的ESG投资与商业银行风险承担——基于中共二十大报告绿色发展视角［J］.金融经济学研究，2023，38：65-83.

[27] 阚超，王付彪，沈谦，等. 我国商业银行规模经济实证研究（1992—2003）［J］. 金融研究，2004（11）：46-53.

[28] 李军林，李诗，朱沛华. 处罚公告、企业绩效与高管变更：一个组织声誉的研究视角［J］. 经济理论与经济管理，2023，43（4）：53-68.

[29] 李明辉，谭姝颖，刘莉亚. 银行流动性创造效率的测度及全球时空特征与启示——来自全球72个国家的证据［J］. 国际金融研究，2023（4）：50-61.

[30] 李伟阳，肖红军. 企业社会责任概念探究［J］. 经济管理，2008（Z2）：177-185.

[31] 李小荣，徐腾冲. 环境—社会责任—公司治理研究进展［J］. 经济学动态，2022（8）：133-146.

[32] 梁上坤. 政策不确定性与公司成本决策［J］. 经济学报，2020（1）：

172-210.
[33] 林毅夫，孙希芳. 信息、非正规金融与中小企业融资 [J]. 经济研究，2005 (7)：35-44.
[34] 刘琛，宋蔚兰. 基于SFA的中国商业银行效率研究 [J]. 金融研究，2004 (6)：138-142.
[35] 刘海云，魏文军，欧阳建新. 基于市场、股权和资本的中国银行业绩效研究 [J]. 国际金融研究，2005 (5)：62-67.
[36] 刘妍，宫长亮，曾刚，等. 得零售者可以得天下——基于银行利润效率视角 [J]. 运筹与管理，2024，33 (2)：165-171.
[37] 刘银国，朱龙. 公司治理与企业价值的实证研究 [J]. 管理评论，2011，23 (2)：45-52.
[38] 刘张发，田存志，张潇. 国有企业内部薪酬差距影响生产效率吗 [J]. 经济学动态，2017 (11)：46-57.
[39] 刘宗华，邹新月. 中国银行业的规模经济和范围经济——基于广义超越对数成本函数的检验 [J]. 数量经济技术经济研究，2004 (10)：5-15.
[40] 陆军，黄嘉. 流动性创造、市场利率预期与银行利率动态调整 [J]. 管理科学学报，2023，26 (3)：112-135.
[41] 罗进辉，李雪，黄泽悦. 家族命名与家族企业风险承担 [J]. 管理科学学报，2022，25 (12)：21-50.
[42] 吕思聪. 外部监管和货币政策对中国商业银行流动性创造能力的影响研究 [J]. 国际金融研究，2018 (5)：55-65.
[43] 马骏. 论构建中国绿色金融体系 [J]. 金融论坛，2015，20 (5)：18-27.
[44] 马险峰，王骏娴，秦二娃. 上市公司的ESG信披制度 [J]. 中国金融，2016 (16)：33-34.
[45] 马晓倩，周雪梅. 我国城商行经营效率研究——基于三阶段DEA和Malmquist指数的分析 [J]. 金融与经济，2019 (11)：30-38.
[46] 明雷，黄远标，杨胜刚. 银行业监管处罚效应研究 [J]. 经济研究，

2023，58（4）：114-132.

[47] 明雷，廖雨立，贺济郁. 绿色信贷对商业银行效率的非线性影响研究[J]. 系统工程，2023，41（3）：114-128.

[48] 庞瑞芝，张艳，薛伟. 中国上市银行经营效率的影响因素——基于Tobit回归模型的二阶段分析[J]. 金融论坛，2007（10）：29-35.

[49] 钱蓁. 中国商业银行的效率研究——SFA方法分析[J]. 南京社会科学，2003（1）：41-46.

[50] 权小锋，吴世农. 尹洪英. 企业社会责任与股价崩盘风险："价值利器"或"自利工具"?[J]. 经济研究，2015，50（11）：49-64.

[51] 宋科，徐蕾，李振，等. ESG投资能够促进银行创造流动性吗？——兼论经济政策不确定性的调节效应[J]. 金融研究，2022（2）：61-79.

[52] 宋增基，张宗益，袁茂. 中国银行业DEA效率实证分析[J]. 系统工程理论与实践，2009，29（12）：105-110.

[53] 孙海波，刘忠璐. 后危机时期银行高质量资本与流动性创造关系研究——基于显性存款保险制度的讨论[J]. 国际金融研究，2019，381（1）：67-75.

[54] 孙建军，张小溪，李美璇，等. 投鼠要忌器吗？——资管新规对银行流动性创造的规制效应实证研究[J]. 产业经济评论，2022（5）：114-129.

[55] 孙莎，李明辉，刘莉亚. 商业银行流动性创造与资本充足率关系研究——来自中国银行业的经验证据[J]. 财经研究，2014，40（7）：65-76；144.

[56] 孙巍，王铮，何彬. 商业银行绩效的演化趋势及其形成机理——基于1996—2002年混合数据的经验研究[J]. 金融研究，2005（10）：53-63.

[57] 谭中明. 我国商业银行效率分析[J]. 中国软科学，2002（3）：35-37；19.

[58] 田国强，李双建. 经济政策不确定性与银行流动性创造：来自中国的经验证据[J]. 经济研究，2020，55（11）：19-35.

[59] 王聪，邹朋飞．中国商业银行规模经济与范围经济的实证分析［J］．中国工业经济，2003（10）：21-28.

[60] 王聪，邹朋飞．中国商业银行效率结构与改革策略探讨［J］．金融研究，2004（3）：58-65.

[61] 王宏涛，马妍，王一鸣．商业银行履行社会责任与银行企业价值——基于绿色金融视角［J］．南方金融，2023（2）：21-35.

[62] 王鹏．银行全要素生产率测算与金融高质量发展［J］．经济研究，2024，59（2）：78-96.

[63] 王霄，张捷．银行信贷配给与中小企业贷款——一个内生化抵押品和企业规模的理论模型［J］．2003（7）：68-75；92.

[64] 王晓娟，吴文洁，何艳桃．产业结构变迁对全要素能源效率的影响研究［J］．生态经济，2018，34（4）：119-124.

[65] 王艳艳，王成龙，于李胜．高管薪酬延付与银行效率——基于银行微观视角的研究［J］．金融研究，2021，496（10）：117-133.

[66] 王运通，姜付秀．多个大股东能否降低公司债务融资成本［J］．世界经济，2017，40（10）：119-143.

[67] 魏煜，王丽．中国商业银行效率研究：一种非参数的分析［J］．金融研究，2000（3）：88-96.

[68] 温红梅，徐靖文．资本监管、商业银行风险承担与效率——基于中国165家商业银行的经验证据［J］．河北大学学报（哲学社会科学版），2021，46（6）：109-124.

[69] 奚君羊，曾振宇．我国商业银行的效率分析——基于参数估计的经验研究［J］．国际金融研究，2003（5）：17-21.

[70] 项后军，曾琪．期限错配、流动性创造与银行脆弱性［J］．财贸经济，2019，40（8）：50-66.

[71] 徐传谌，齐树天．中国商业银行X-效率实证研究［J］．经济研究，2007（3）：106-116.

[72] 杨文，孙蚌珠，程相宾．中国国有商业银行效率及影响因素——基于所

有权结构变化视角 [J]. 经济学（季刊），2015，14（2）：535-556.

[73] 于良春，鞠源. 垄断与竞争：中国银行业的改革和发展 [J]. 经济研究，1999（8）：48-57.

[74] 张健华，王鹏. 中国银行业前沿效率及其影响因素研究——基于随机前沿的距离函数模型 [J]. 金融研究，2009（12）：1-18.

[75] 张健华，王鹏. 中国银行业前沿效率及其影响因素研究——基于随机前沿的距离函数模型 [J]. 金融研究，2009（12）：1-18.

[76] 张琳，廉永辉. 绿色信贷、银行异质性和银行财务绩效 [J]. 金融监管研究，2019，86（2）：43-61.

[77] 张文中，窦瑞. 绿色信贷对中国商业银行效率的影响研究——基于SBM-GMM模型 [J]. 投资研究，2020，39（11）：17-28.

[78] 张云，蒋子衿，李宝伟，等. 银行权力与银行流动性创造——理论与实证 [J]. 南开经济研究，2022，233（11）：42-58.

[79] 张长江，张玥. 绿色信贷能提高商业银行绩效吗？——基于绿色声誉的中介效应 [J]. 金融发展研究，2019（7）：70-76.

[80] 赵昕，薛俊波，殷克东. 基于DEA的商业银行竞争力分析 [J]. 数量经济技术经济研究，2002（9）：84-87.

[81] 赵旭，蒋振声，周军民. 中国银行业市场结构与绩效实证研究 [J]. 金融研究，2001（3）：59-67.

[82] 郑录军，曹廷求. 我国商业银行效率及其影响因素的实证分析 [J]. 金融研究，2005（1）：91-101.

[83] 郑录军，曹廷求. 我国商业银行效率及其影响因素的实证分析 [J]. 金融研究，2005（1）：91-101.

[84] 周爱民，陈远. 中国商业银行资本结构与其流动性创造关系的实证研究 [J]. 金融经济学研究，2013，28（3）：68-77.

[85] 周晶，陶士贵. 结构性货币政策对中国商业银行效率的影响——基于银行风险承担渠道的研究 [J]. 中国经济问题，2019（3）：25-39.

[86] 朱南，卓贤，董屹. 关于我国国有商业银行效率的实证分析与改革策略

[J]. 管理世界, 2004 (2): 18-26.

[87] ADAMS G L, Lamont B T. Knowledge management systems and developing sustainable competitive advantage [J]. Journal of Knowledge Management, 2003, 7 (2): 142-154.

[88] ADEABAH D, GYEKE - DAKO A, ANDOH C. Board gender diversity, corporate governance and bank efficiency in GHANA: A two stage data envelope analysis (DEA) approach [J]. Corporate Governance, 2019, 19 (2): 299-320.

[89] AGORAKI, MARIA-ELENI K, MANTHOS D, et al. The effect of board size and composition on bank efficiency, international journal of banking [J]. Accounting and Finance, 2010, 2 (4): 357-386.

[90] ALAM A W, BANNA H, HASSAN M K. ESG activities and bank efficiency: Are islamic banks better? [J]. Journal of Islamic Monetary Economics and Finance, 2022, 8 (1): 65-88.

[91] ALLEN F, QIAN J, QIAN M. Law, finance, and economic growth in China [J]. Journal of Financial Economics, 2005, 77 (1): 57-116.

[92] BERGER A N , BOUWMAN C H S, CHRISTA H S. Bank liquidity creation [J]. The Review of Financial Studies, 2009, 22 (9): 3779-3837.

[93] ALY H Y, GRABOWSKI R, PASURKA C, et al. Technical, scale, and allocative efficiencies in US banking: An empirical investigation [J]. The Review of Economics and Statistics, 1990, 72 (2): 211-218.

[94] ANGELONI I, FAIA E, DUCA M L. Monetary policy and risk taking [J]. Journal of Economic Dynamics and Control, 2015, 52: 285-307.

[95] AZMI W, HASSAN M K, HOUSTON R, et al. ESG activities and banking performance: International evidence from emerging economies [J]. Journal of International Financial Markets, Institutions and Money, 2021, 70: 101277.

[96] BAILEY E E, BAUMOL W J. Deregulation and the theory of contestable

markets [J]. Yale Journal on Regulation, 1984, 1 (2): 111-137.

[97] BANKER R D, CUMMINS J D, KLUMPES P J M. Performance measurement in the financial services sector: Frontier efficiency methodologies and other innovative techniques [J]. Journal of Banking & Finance, 2010, 34 (7): 1413-1416.

[98] BATTESE G E, COELLI T J. A model for technical inefficiency effects in a stochastic frontier production function for panel data [J]. Empirical Economics, 1995, 20: 325-332.

[99] BATTESE G E, COELLI T J. Frontier production functions, technical efficiency and panel data: With application to paddy farmers in India [J]. Journal of Productivity Analysis, 1992, 3: 153-169.

[100] BAUMOL W J, PANZAR J C, WILLIG R D. Contestable markets: An uprising in the theory of industry structure: Reply [J]. The American Economic Review, 1983, 73 (3): 491-496.

[101] BELASRI S, GOMES M, PIJOURLET G. Corporate social responsibility and bank efficiency [J]. Journal of Multinational Financial Management, 2020, 54: 100612.

[102] BENSTON G J, HANWECK G A, HUMPHREY D B. Scale economies in banking: A restructuring and reassessment [J]. Journal of Money, Credit and Banking, 1982, 14 (4): 435-456.

[103] BERG F, KÖLBEL J. RIGOBON R. Aggregate confusion: The divergence of ESG ratings [J]. Review of Finance, 2022, 26 (6): 1315-1344.

[104] BERGER A, HUNTER W, TIMME S. The efficiency of financial institutions: A review and preview of research past, present and future [J]. Journal of Banking and Finance, 1993, 17 (2-3): 221-249.

[105] BERGER A, MESTER L. Inside the black box: What explains differences in the efficiencies of financial institutions [J]. Journal of Banking & Finance, 1997, 21: 895-947.

[106] BERGER, ALLEN N, ROBERT D. Problem loans and cost efficiency in commercial banks [J]. Journal of Banking & Finance, 1997, 21 (6): 849-870.

[107] CARROLL A. A three-dimensional conceptual model of corporate performance [J]. The Academy of Management Review, 1979, 4 (4), 479-505.

[108] CHARKHAM J P. Corporate governance: Lessons from abroad [J]. European Business Journal, 1992, 4: 8-17.

[109] CHATTERJI A K, DURAND R , LEVINE D I, et al. Do ratings of firms converge? Implications for managers, investors and strategy researchers [J]. Strategic Management Journal, 2016, 37 (8), 1597-1614.

[110] CHAUHAN Y, KUMAR S B. Do investors value the nonfinancial disclosure in emerging markets? [J]. Emerging Markets Review, 2018, 37: 32-46.

[111] CHEN YC, HUNG MY, WANG YX. The effect of mandatory CSR disclosure on firm profitability and social externalities: Evidence from China [J]. Journal of Accounting and Economics, 2018, 65 (1): 169-190.

[112] CLARK A E, OSWALD A J. Satisfaction and comparison income [J]. Journal of Public Economics, 1996, 61 (3): 359-381.

[113] CORNETT M, ERHEMJAMTS O, TEHRANIAN H. Greed or good deeds: An examination of the relation between corporate social responsibility and the financial performance of U. S. commercial banks around the financial crisis [J]. Journal of Banking & Finance, 2016, 70 (9): 137-159.

[114] CORNWELL C, SCHMIDT P, SICKLES R C. Production frontiers with cross-sectional and time-series variation in efficiency levels [J]. Journal of Econometrics, 1990, 46 (1-2): 185-200.

[115] CUI J, HOJE J, HAEJUNG N. Does corporate social responsibility affect information asymmetry? [J]. Journal of Business Ethics, 2018, 148 (3): 549-572.

[116] DAVIS K. Can business afford to ignore social responsibilities? [J].

California Management Review, 1960, 2 (3): 70-76.

[117] DEMSETZ H. Industry structure, market rivalry, and public policy [J]. The Journal of Law and Economics, 1973, 16 (1): 1-9.

[118] DEYOUNG R, HASAN I. The performance of de novo commercial banks: A profit efficiency approach [J]. Journal of Banking & Finance, 1998, 22 (5): 565-587.

[119] DIAMOND D W, DYBVIG P H. Bank runs, deposit insurance, and liquidity [J]. Journal of Political Economy, 1983, 91 (3): 401-419.

[120] DIETSCH M, LOZANO-VIVAS A. How the environment determines banking efficiency: A comparison between French and Spanish industries [J]. Journal of Banking & Finance, 2000, 24 (6): 985-1004.

[121] DONG Y, CLAUDIA G, JING-MING K. Governance, efficiency and risk taking in Chinese banking [J]. The British Accounting Review, 2017, 49 (2): 211-229.

[122] EAGLES A, LOVELL D. Changes in sleep quantity and efficiency in professional rugby union players during home based training and match-play [J]. The Journal of Sports Medicine and Physical Fitness, 2016, 56 (5): 565-571.

[123] ELKINGTON J, ROWLANDS I H. Cannibals with forks: The triple bottom line of 21st century business [J]. Alternatives Journal, 1999, 25 (4): 42.

[124] ESCRIG-OLMEDO E, MUÑOZ-TORRES M J, FERNÁNDEZ-IZQUIERDO M, et al. Measuring corporate environmental performance: A methodology for sustainable development [J]. Business Strategy and the Environment, 2017, 26 (2): 142-162.

[125] ESHET A. Sustainable finance? The environmental impact of the 'equator principles' and the credit industry [J]. International Journal of Innovation and Sustainable Development, 2017, 11 (2-3): 106-129.

[126] FARRELL M J. The measurement of productive efficiency [J]. Journal of

the Royal Statistical Society: Series A (General), 1957, 120 (3): 253–281.

[127] FINGER M, GAVIOUS I, MANOS R. Environmental risk management and financial performance in the banking industry: A cross-country comparison [J]. Journal of International Financial Markets, Institutions and Money, 2018, 52: 240–261.

[128] FORGIONE A F, LAGUIR I, STAGLIANÒ R. Effect of corporate social responsibility scores on bank efficiency: The moderating role of institutional context [J]. Corporate Social Responsibility and Environmental Management, 2020, 27 (5): 2094–2106.

[129] FUNG M K. Scale economies, X-efficiency, and convergence of productivity among bank holding companies [J]. Journal of Banking & Finance, 2006, 30 (10): 2857–2874.

[130] GALAN J E, TAN Y. Green light for green credit? Evidence from its impact on bank efficiency [J]. International Journal of Finance & Economics, 2024, 29 (1): 531–550.

[131] GALBREATH J, ESG in focus: The Australian evidence [J]. Journal of Business Ethics, 2013, 118: 529–541.

[132] GILBERT R A. Bank market structure and competition: a survey [J]. Journal of Money, Credit and Banking, 1984, 16 (4): 617–645.

[133] GILLAN S L, KOCH A, STARKS L T. Firms and social responsibility: A review of ESG and CSR research in corporate finance [J]. Journal of Corporate Finance, 2021, 66 (C): 101889.

[134] GIRARDONE C, MOLYNEUX P, GARDENER E P M. Analysing the determinants of bank efficiency: The case of Italian banks [J]. Applied Economics, 2004, 36 (3): 215–227.

[135] HOLMSTRÖM B, TIROLE J. Private and public supply of liquidity [J]. Journal of Political Economy, 1998, 106 (1): 1–40.

[136] HUMPHREY S J. Regret aversion or event-splitting effects? More evidence under risk and uncertainty [J]. Journal of Risk and Uncertainty, 1995, 11: 263-274.

[137] HUNTER W C, TIMME S G, YANG W K. An examination of cost subadditivity and multiproduct production in large US banks [J]. Journal of Money, Credit and Banking, 1990, 22 (4): 504-525.

[138] HUNTER W C, TIMME S G. Technical change, organizational form, and the structure of bank production [J]. Journal of Money, Credit and Banking, 1986, 18 (2): 152-166.

[139] ISIK F. Bank ownership and efficiency: Evidence from the Turkish banking sector [J]. Journal of Money, Credit and Banking, 2022 (34): 895-914.

[140] JAWAD A. Impact of total quality management on corporate green performance through the mediating role of corporate social responsibility [J]. Journal of Cleaner Production, 2019: 118558.

[141] JI L, SUN Y, LIU J, et al. Environmental, social, and governance (ESG) and market efficiency of China's commercial banks under market competition [J]. Environmental Science and Pollution Research, 2023, 30 (9): 24533-24552.

[142] Kashyap A K, Rajan R, Stein J C. Banks as liquidity providers: An explanation for the coexistence of lending and deposit-taking [J]. Journal of Finance, 2002, 57 (1): 33-73.

[143] KRASNIKOV A, JAYACHANDRAN S, KUMAR V. The impact of customer relationship management implementation on cost and profit efficiencies: Evidence from the US commercial banking industry [J]. Journal of Marketing, 2009, 73 (6): 61-76.

[144] KUMAR R, SHRESTHA M, BADIR Y F. Digital transformation of financial institutions and its impact on their profitability [J]. Korea Advanced Institute of Science and Technology, 2021: 1-9.

[145] LARCKER D F, POMORSKI L, TAYAN B, et al. ESG ratings: A compass without direction [J]. Stanford Closer Look Series Corporate Governance Research Initiative, 2022.

[146] LAWRENCE C. Banking costs, generalized functional forms, and estimation of economies of scale and scope [J]. Journal of Money, Credit and Banking, 1989, 21 (3): 368–379.

[147] LEIBENSTEIN H. Allocative efficiency vs."X-efficiency" [J]. The American Economic Review, 1966, 56 (3): 392–415.

[148] LIERN V, PÉREZ–GLADISH B. Ranking corporate sustainability: A flexible multidimensional approach based on linguistic variables [J]. International Transactions in Operational Research, 2017, 25 (3): 1081–1100.

[149] LIU M. Quantitative ESG disclosure and divergence of ESG ratings [J]. Frontiers in Psychology, 2022, 13: 936798.

[150] LLOYD-WILLIAMS D M, MOLYNEUX P, THORNTON J. Market structure and performance in Spanish banking [J]. Journal of Banking & Finance, 1994, 18 (3): 433–443.

[151] LOBO G J, YANG D H. Bank managers' heterogeneous decisions on discretionary loan loss provisions [J]. Review of Quantitative Finance and Accounting, 2001, 16: 223–250.

[152] LÓPEZ-PENABAD M C, IGLESIAS-CASAL A, NETO J F S, et al. Does corporate social performance improve bank efficiency? Evidence from european banks [J]. Review of Managerial Science, 2023, 17: 1399–1437.

[153] LU W M, KWEH Q L, TING I W K, et al. How does stakeholder engagement through environmental, social, and governance affect eco - efficiency and profitability efficiency? Zooming into Apple Inc.'s counterparts [J]. Business Strategy and the Environment, 2023, 32 (1): 587–601.

[154] LUO S, YU S, ZHOU G. Does green credit improve the core competence of commercial banks? Based on quasi - natural experiments in China [J].

Energy Economics, 2021, 100: 105335.

[155] MAGRI S, MORI A, ROSSI P. The entry and the activity level of foreign banks in Italy: An analysis of the determinants [J]. Journal of Banking & Finance, 2005, 29 (5): 1295-1310.

[156] MAUDOS J, PASTOR J M. Cost and profit efficiency in the Spanish banking sector (1985 - 1996): A non-parametric approach [J]. Applied Financial Economics, 2003, 13 (1): 1-12.

[157] MAUDOS J. Market structure and performance in Spanish banking using a direct measure of efficiency [J]. Applied Financial Economics, 1998, 8 (2): 191-200.

[158] MCLEAY M, RADIA A, THOMAS R. Money creation in the modern economy [J]. Bank of England Quarterly Bulletin, 2015, 54 (March): 14-27.

[159] MESTER L J. A multiproduct cost study of savings and loans [J]. The Journal of Finance, 1987, 42 (2): 423-445.

[160] MESTER L J. A study of bank efficiency taking into account risk-preferences [J]. Journal of Banking & Finance, 1996, 20 (6): 1025-1045.

[161] NICOLS A. Stock versus mutual savings and loan associations: Some evidence of differences in behavior [J]. The American Economic Review, 1967, 57 (2): 337-346.

[162] O'HARA M. Property rights and the financial firm [J]. The Journal of Law and Economics, 1981, 24 (2): 317-332.

[163] OHENE-ASARE K, ASMILD M. Banking efficiency analysis under corporate social responsibilities [J]. International Journal of Banking, Accounting and Finance, 2012, 4 (2): 146-171.

[164] PARK S H, LI S, TSE D K. Market liberalization and firm performance during China' s economic transition [J]. Journal of International Business Studies, 2006, 37: 127-147.

[165] PELTZMAN S. The gains and losses from industrial concentration [J]. The

Journal of Law and Economics, 1977, 20 (2): 229-263.

[166] PERISTIANI S, WIZMAN T A. Mutual-to-stock conversions in the thrift industry in the 1990s [J]. Journal of Economics and Business, 1997, 49 (2): 95-116.

[167] RHOADES S A. Market share inequality, the HHI, and other measures of the firm-composition of a market [J]. Review of Industrial Organization, 1995, 10: 657-674.

[168] RIME B, STIROH K J. The performance of universal banks: Evidence from Switzerland [J]. Journal of Banking & Finance, 2003, 27 (11): 2121-2150.

[169] SAADAOUI K, SOOBAROYEN T. An analysis of the methodologies adopted by CSR rating agencies [J]. Sustainability Accounting, Management and Policy Journal, 2018, 9 (1): 43-62.

[170] SHAHWAN T M, HABIB A M. Do corporate social responsibility practices affect the relative efficiency of Egyptian conventional and Islamic banks? [J]. International Journal of Emerging Markets, 2023, 18 (2): 439-462.

[171] SHEN C, WU M, CHEN T, et al. To engage or not to engage in corporate social responsibility: Empirical evidence from global banking sector [J]. Economic Modelling, 2016, 55 (6): 207-225.

[172] SONG X, DENG X, WU R. Comparing the influence of green credit on commercial bank profitability in China and abroad: Empirical test based on a dynamic panel system using GMM [J]. International Journal of Financial Studies, 2019, 7 (4): 64.

[173] STIGLITZ J E, WEISS A. Credit rationing in markets with imperfect information [J]. The American Economic Review, 1981, 71 (3): 393-410.

[174] BEKKUM S. Inside debt and bank risk [J]. Journal of Financial and Quantitative Analysis, 2016, 51 (2): 359-385.

[175] VENNET R V. Cost and profit efficiency of financial conglomerates and universal banks in Europe [J]. Journal of Money, Credit and Banking,

2002：254-282.

[176] VERBRUGGE J A, GOLDSTEIN S J. Risk return, and managerial objectives: Some evidence from the savings loan industry [J]. Journal of Financial Research, 1981, 4 (1): 45-58.

[177] WANTING X. Research on the impact of green credit on the financial performance of commercial banks [J]. Financial Engineering and Risk Management, 2020, 3 (1): 127-136.

[178] WILLIG R D. Consumer's surplus without apology [J]. The American Economic Review, 1976, 66 (4): 589-597.

[179] WU M, SHEN C. Corporate social responsibility in the banking industry: Motives and financial performance [J]. Journal of Banking & Finance, 2013, 37 (9): 3529-3547.

[180] YOUNG A. Growth without scale effects [J]. Journal of Political Economy, 1998, 106 (1): 41-63.

[181] ZHU N, STJEPCEVIC J, BALEŽENTIS T, et al. How does corporate social responsibility impact banking efficiency: A case in China [J]. E+M Ekonomie a Management, 2017, 20 (4): 70-87.

索引